Money錢

Money錢

上癮式存錢

邊賺邊存、
越存越爽，
一鍵刷新你對錢的概念！

阿汝娜、周劍銓——著

K金尉出版　　**Money**錢

CONTENTS

目錄

自序

你的人生財富時鐘
指到哪裡了？

儒家經典《論語》書中有一段話：「吾十有五而志於學，三十而立，四十而不惑，五十而知天命……。」人們在每個時期都有不一樣的人生和財富任務，你現在處於哪個階段呢？

我出生於普通的蒙古家庭，母親是一位大學教授，父親從小就到蒙古國做生意養家，我靠自己的努力考進上海財經大學，畢業後被美國頂級商學院賓州大學華頓商學院錄取，MBA（企業管理碩士）畢業後到香港投資銀行工作，年薪近 900 萬元 *。

那時我只有 25 歲，覺得未來人生一定會一直往上。當

＊編註：全書幣別已統一為台幣。

時我欠了近 4,500 萬元的房貸，每個月還完貸款就成了「月光族」，完全沒有投資的概念。後來我認識了我先生周劍銓，才發現人生並不是一條向上的直線，一個人的財富和生活並不是隨著年齡增長就一定會越來越多、越來越好。

劍銓出生在企業世家，祖輩是香港紡織業的知名企業家，從小住在 3 層樓的別墅裡，過著富足的生活。然而，2008 年的金融危機改變了他一直順利上升的人生。

他家族的生意一落千丈，自己也失去了在香港高盛銀行的工作，家裡所有的資產都被變賣還債。他被迫投靠到爺爺家，和弟弟住在一間只有幾平方公尺的小房間上下舖。最窘迫的時候，他和以前同學約在中環（香港商業中心）吃飯，都沒錢點正餐，只點了一碗湯，為了自尊，他強忍著飢餓，說自己已經吃過了。

我認識我先生的時候他 32 歲，本該是事業快速上升的年紀，但他工作的地方只是一家小基金公司，月薪是我的一半。當時我不知道他家曾經發生過巨變，也不知道未來他會僅用幾年時間就把我的千萬負債重組，讓我們家庭的財富穩健成長。

接下來的 6 年，他和我一起創業，到全球不同市場投資，把資產價值放大。我們用創業的財富來投資，再把我們的投資經驗分享給客戶和學員，現在我們已經擁有品牌強大的企業和一支專業財富管理團隊，幫助數以萬計的家庭在不同市場配置了數億資產。

正是無數個正確的、專業的投資決定，讓我們從谷底翻身，白手起家賺到千萬資產。也許我們一路奮鬥的經歷能帶給你啟發──每個人在不同的人生階段都可以開始改變，為自己創造更美好的人生。

我認為有兩點值得大家謹記：

1. 你現在的經濟狀況，是你過去所有行為的結果。

2. 年齡很重要，改變更重要，任何時候開始改變都不晚。

留住錢、錢生錢 比賺錢更重要

財富管理是學校不會教的內容，只能自己在人生中歷練。有人一生毫無節制地揮霍財富；有人因為不懂而逃避理財；也有人到處鑽營，聲稱「你不理財，財不理你」，卻在錯誤的投資決策中血本無歸。

　　你的時間、精力、資源都是有限的，而人生的選擇和際遇卻有無限可能。很多人一生最傑出的時刻就是進了一所好大學，或者大學畢業後找了一份好工作，「起點即巔峰」，之後就過著日復一日的生活，期盼穩定，卻走上了漫長的下坡路，我先生周劍銓曾經也面對過這樣「溫水煮青蛙」的局面，但他抓住一個難得的機會就改變了一生。他可以，你也可以。

　　人生不是 100 公尺賽跑，而是馬拉松，賺錢固然重要，但能留住錢、讓錢生錢更重要。很多家庭的財富累積不只是一代人努力的結果，缺乏遠見的財富規劃會毀掉自己甚至後代的一生。

　　我見過有人年少有為，但是在職業生涯的頂峰遭遇了變故，之後就再也找不到和之前同等高度的工作，也沒有存下足夠的錢，從此一蹶不振，從市中心的大房子搬到了郊區，孩子也從私立貴族學校轉到了普通學校。

　　我也見過有人在中年時把前半生辛苦累積的一大筆錢拿去投資，希望能夠靠投資的收益來度過中年危機，結果賠得血本無歸。累積的財富一夕歸零，給自己退休後的生

活、子女的教育帶來不小的麻煩。

因此你需要學會管理財富：既要留住錢，也要讓錢生錢。

如何用 2 分之 1 的人生 賺到一輩子財富

投資看起來複雜，但是如果有正確的方向、得力的工具也可以事半功倍。在這些年的客戶服務中，我們總結提煉了每個人都能受益的經驗，彙集成了這本書，無論你處在人生哪個階段，這本書都可以幫到你。

假設每個人平均壽命為 80 歲，一生中能工作賺錢的時間只有 30 多年，卻要承擔 50 ～ 60 年的開銷。一寸光陰一寸金，時間比你想像得更值錢。根據多年累積的經驗，我們認為絕大多數人一生都需要面臨以下幾個現實問題：

1. 如何讓 30 多年工作的收入，承擔 50 ～ 60 年的生活開支？

2. 家庭的重要經濟支柱忽然重病或去世怎麼辦？

3. 不懂投資的你，把辛苦賺來的血汗錢投入了高風險產品，財產一夜之間歸零，怎麼辦？

4. 當你接近退休年齡的時候，猛然發現你沒有存夠錢，你該如何面對未來幾十年的無收入狀態？

圖表 0-1「人生財富時鐘」來自國際知名財務顧問桑傑‧托拉尼（Sanjay Tolani），我們做了更細緻的補充，希望你看看自己的人生財富時鐘指到了哪裡？

圖表 0-1　人生財富時鐘

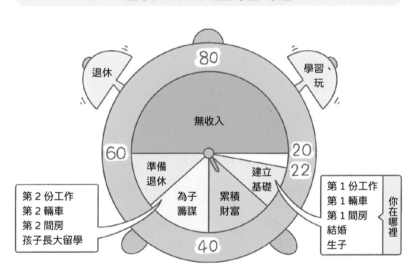

劃分人生階段 逐步實現財富目標

我們嘗試把人生財富時鐘依照年齡劃分為 4 個重要的階段，每個階段列出需要實現的重要人生目標和財富目標，你就會更清楚該做些什麼。

第一階段：22 ～ 30 歲

【關鍵任務】人賺錢 ➡ 靠勤奮；錢賺錢 ➡ 先儲蓄。

22 歲到 30 歲是初入社會建立事業基礎的階段，很多人在這個階段找了第一份工作，買了第一輛車、第一間房，還可能結婚生子、組建家庭。

這是你人生寶貴的紅利期，有著青春年華旺盛的精力和學習能力，還有剛入社會無限的可能性和潛力。年輕人是初升的太陽，但切記青春是有保鮮期的！工作幾年如果沒有進步，未來的機會就越來越少。

這個階段要勤奮工作、累積經驗，同時一定要從關注每個月的收入變為關注累積下來的現金。不要急著賺錢，要先學會儲蓄和自我增值。讓自己更值錢，才能夠進入下一個階段：從人賺錢變成錢賺錢。

第二階段：30 ～ 40 歲

【關鍵任務】人賺錢 ➡ 靠技術；錢賺錢 ➡ 學投資。

30 歲到 40 歲，這個階段是和其他隨波逐流的同齡人

拉開距離的關鍵，是作為職場的中堅力量累積財富、提升收入的階段。很多人會在這個階段升職加薪、換工作或辭職創業，也有人用累積的第一桶金開始投資，買第二輛車、第二間房，為孩子準備教育基金。

這個階段，要從「人賺錢」的思維轉變到「錢賺錢」，最重要的投資目標，是要用現金換現金流。如何做到？記住 1 個原則：用賺到的錢來買資產，然後讓資產幫你賺錢，也就是錢換資產、資產生錢。

你應該從靠體力賺錢轉變為靠腦力賺錢，千萬不要再和年輕人拚體力，要思考自己是否能成為專家或未來的領導者。同時要學會「借力」，從靠自己變成借力團隊、借力平台、借力人脈。

第三階段：40 ～ 50 歲

> 【關鍵任務】人賺錢 ➡ 靠資源；錢賺錢 ➡ 建系統。

40 歲到 50 歲這個階段主要靠你之前的累積，建立更加多元化、攻守兼備的資產組合，並開始思考未來的退休問題。如果你的收入比起年輕時沒有顯著地增加，或者進

入了瓶頸期，那麼你就要思考除了工作收入以外，還有什麼其他收入來源？你的被動收入能否超過你的主動收入？

　　你累積的財富很多，但需要花掉的錢也很多，除了負擔孩子的教育支出、年邁父母的養老支出，可能還面臨中年職業危機，在收入方面遭遇困境，更可怕的是，你距離退休的時間越來越近了。所以必須有一個系統化的投資思維，也就是建立一個兼顧保本、可持續回報、高收益的多元化投資系統。

第四階段：50 ～ 60 歲及以上

【關鍵任務】保持開放，迎接共贏。

　　到了 50 ～ 60 歲及以上，你再也無法工作的時候，你有多少資產？存摺裡面還有多少錢？你還有哪些被動收入管道？有沒有足夠的現金流來支撐未來二、三十年低收入甚至無收入的生活呢？你有多少負債？有沒有為子女的未來做好準備呢？

　　人生不用非要一條路走到黑，只依靠一份薪水收入、只有一條現金流。這樣做大大局限了自己人生的可能性。保持

開放心態，為累積財富增加不同的收入管道，就像一棵樹在地底深深地扎根、伸展出好幾條長長的根莖。一旦未來面對人生、家庭和工作的變化，才有強大的支撐和底氣。

先守下限，再搏上限；先向下扎根，再向上生長。時間無法倒流，但你可以調整跑道、加快累積財富的步伐，追回失去的時光和財富。

圖表 0-2　4 階段逐步實現財富目標

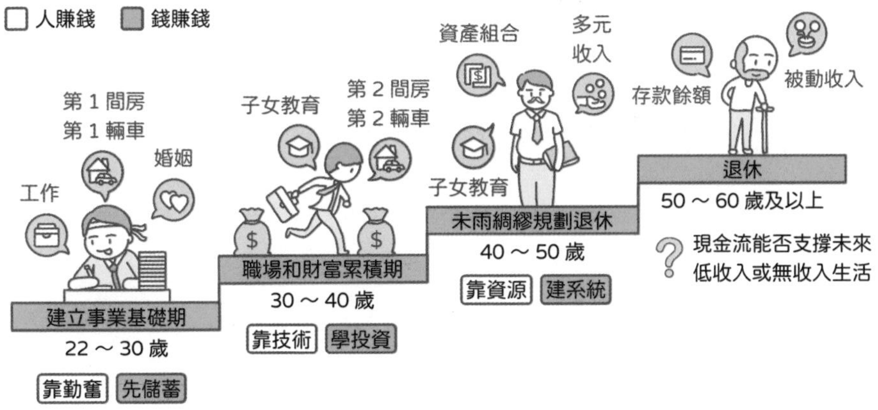

不論你身處哪個階段，請你回答以下 3 個問題：

1. 現在你的所有收入可以維持生活多少年？如果你只有薪

水這一項收入來源,那這份工作你能做多久,5 年、10
年,還是一輩子?

2. 現在你的所有資產,包括房地產、流動資產(指變現性
   高的資產,如現金、定存等)、市場投資、股權資產等,
   能夠給你帶來多少被動收入?這些被動收入能持續多少
   年,5 年、10 年、30 年,還是三代以上?當你不工作的
   時候,有沒有能幫你賺錢的資產?

3. 現在你從生活所需要的支出推算一下:每個月有多少被
   動收入能讓你放心?你想用多少年去實現財務自由?

   如果你不能很明確地回答以上問題,請繼續閱讀本書,
我們將分享財富管理的思維和知識,幫助你實現財富目標。

01

月薪3萬
也有辦法財務自由

錢不夠花、每件商品都好想買？有什麼方法可以讓錢變多？

以上問題都有解方，本章將會帶你辨識「偽需求」、學會掌控財務報表，讓時間成為你的財富加速器，並帶你一步步建立「睡後收入」，讓你的錢在你睡覺時也能幫你賺錢。

快來看接下來介紹的財富管理密技，讓你對理財欲罷不能！

1-1

識別自己的「偽需求」
不做消費冤大頭

巧妙地花一筆錢和賺到這筆錢一樣困難。

—— 前微軟執行長 比爾・蓋茲（Bill Gates）

閱讀本節之前，請先思考以下 3 個問題

1. 為什麼擁有足夠的流動資產，才能抵擋突發情況？
2. 如何才能消除「偽需求」，用投資思維去消費？
3. 如何才能快速地累積財富，「養肥」自己的帳戶？

　　有一個創業的年輕朋友親口和我說，他每年帳戶進來的錢有 3 千多萬元，出去的也差不多是 3 千多萬元。錢像流水一樣進來，又像流水一樣出去。自己手裡什麼都沒有握住。

　　我另外一位朋友，每月薪水大概 36,000 ～ 45,000 元，

她花錢極其自律，每月雷打不動地存錢，也不做任何有風險的投資。她告訴我，看自己儲蓄帳戶裡的數字不斷增加，是她最大的成就感。工作 5、6 年以後，她的儲蓄已足夠付頭期款，在家鄉買一間小房子了。

其實很多人不是窮，是把錢花錯了地方。他們對自己賺多少錢是清楚的，但是對自己花多少錢沒有概念，很隨性，導致存款很少，抗風險能力非常弱。相反地，很多善於理財的人也不是股神，只是把不該花的錢都省下來進行投資。

沒有接受過財商教育的人，基本上不知道如何看待財富。如果用池塘來比喻財富的概念：

・池塘裡有多少水？（你現在擁有的資產）

・池塘的水從哪裡流進來？（收入的來源）

・池塘的水怎麼流出去？（支出都去了哪裡）

・想像我們的池塘旁邊，有一個坑要用你的水去填，這個坑有多深？（有多少負債）

理解了財富的概念後，我們如何才能「養肥」自己的帳戶呢？我認為要做到以下 3 點。

一、擁有足夠的流動資產

擁有足夠的流動資產，是理財最重要的一步。巧婦難為無米之炊，先「養肥」你的帳戶，才能進可攻，退可守。

很多時候衡量財富多寡的不是數字，而是時間。假設你突然沒有任何收入，你的錢能夠維持日常生活多久？是 1 個月、3 個月還是半年？德國財經暢銷書作家博多・薛弗（Bodo Schäfer）建議每個人先計算每月至少需要多少開支，然後再用這個金額乘以 6，也就是說，你應該至少有 6 倍的生活緊急預備金。

這就是每個人都必須擁有的最低保障，可以有效防範突發情況。

但是，我對博多・薛弗的見解有不同看法。博多・薛弗並沒有把「緊急預備金」的含意明確定義下來，導致很多人把隨時能變現的股票計算在內，可是，以我們多年的經驗來看，大部分人急需用錢時，若發覺自己的股票處於

虧損狀態，通常不願意「割肉」。

而且，未來的生活會有越來越多的不確定性，比如 2020 年的全球疫情，歐美國家有很多人失業接近 1 年，所以我建議每人每月的開支要乘以 12，作為生活緊急預備金才更安全。

還有些人認為，正是因為手上沒多少錢，所以更應該投資高收益、高風險的資產來快速擴大資本。但我並不認同這種想法，因為我們一直教導讀者和學員一定要「先守下限，再搏上限」，自己手邊的錢都不夠維持生活，就不要談投資。

二、大刀闊斧砍支出

如果你的財富累積得還不夠多，就要學會更聰明地消費。我想送給你以下 3 點建議。

1. 學會拒絕誘惑

不要過於關心別人開的車、穿的衣服，能拒絕消耗品的消費誘惑，往往有更多機會去累積財富，也可以幫助我們減少生活中的炫耀性消費，另外，還要警惕消費主義的

行銷陷阱，比如一些網站或直播帶貨。那些花時間關注別人買了什麼，一直惦記著最新的奢侈品，比如電子設備、首飾、化妝品的人，很難累積財富。

2. 識別商家替你創造的「偽需求」

購買不是「必需」的產品，將消費與「愛自己」、「享受人生」、「象徵身分」掛鉤，就是消費主義替你製造的「偽需求」。商家會設計購物節日，將產品壽命設計得很短，不斷推出新產品，如某手機品牌每年出一款手機，潛移默化讓你認為不買新型號就落伍了。這些手段的目的只有 1 個——讓你消費、消費再消費，為商人創造更多的利潤。

這些「偽需求」在你生活開支中所占的比重絕對超乎你的想像，而且線上支付的便利性也會大大降低你花錢的敏感度。

3. 用投資的思維去消費

用投資思維去消費，是對財富累積的獎賞。如果沒有投資思維，很容易不斷陷入消費的陷阱，從商家編造的規則中，不斷地購買象徵身分標籤的商品和虛幻的美好體驗，始終沒有累積起財富的原始資本。

曾經有一部中國電視劇《三十而已》，劇中女主角為了混進貴婦圈，刷信用卡去買近百萬元的愛馬仕（Hermès）包，這個包包在她心目中是「投資」，是一塊跨越社交階層的敲門磚。現實中，花幾個月甚至半年薪水買名牌包的行為很常見，但面對現實吧！買來的包包純粹是消費品，無法為你帶來進入上流社會的門票，也無法帶給你未來的財富。

哪些消費可以砍掉呢？給大家一個很實用的判斷標準：這筆消費是「需要」還是「想要」？

什麼是需要？就是你必須支出的費用，不消費就會影響你的生活；什麼是想要？就是指由欲望和情緒驅使的消費，如果你不消費，對生活也不會有很大的影響。你可以檢視一下，過去的花費裡，有多少「想要」可以砍掉？「需要」占了多大比例呢？

分享一下我現在的消費觀：我不會在消耗品上面花很多精力，而是用更多的精力去做自己感興趣的事情。我喜歡買錶或者輕便能裝東西的包包，這些都是很實用且真正喜歡的，而不是衝動消費。所以我買的東西都可以用很久，

也從來不後悔花了重金，因為真心喜歡，而且它能經常陪伴身邊。

三、節約好比聚寶盆

在「養肥」帳戶的實際操作上，我也提供大家 3 個實用建議。

1. 申請獨立帳戶定期存款

為自己開立一個獨立的帳戶，忍住收到薪水的激動心情，當每個月發薪水，第 1 件事就是先把薪水的 10% 存進去，然後再消費，這個帳戶裡的錢，不要輕易使用。如果薪水調漲了該怎麼做呢？那就把調漲的部分存進去，這樣你花出去的錢，就不會「水漲船高」。

為什麼要在收到薪水後先存錢再消費呢？因為大多數人習慣每個月花剩的錢再存下來，這樣做很難「養肥」帳戶，很多人 1 個月賺 3 萬元最後存下來 4,500 元，但當薪水漲到 4.5 萬元，還是只能存下 4,500 元。不要高估自己對消費的自律，也不要低估這個獨立帳戶未來給你的驚喜。

2. 剪掉你的信用卡

還沒有累積足夠財富的你,請看看你有沒有信用卡,如果有的話,馬上剪掉。等你存夠錢,再重新申請信用卡。信用卡未還款,逾期的利息每天最高約為萬分之 4.1,聽起來很低,但如果換算成年利率,其實是 0.04%×365 ≒ 15%!這已經是非常高了。

如果你使用信用卡預借現金,但繳款截止日前無法全額清償,尚未還款的金額也會依據信用卡的循環利率計算利息,稍有不慎,你的利息就會越滾越多。如果你不是一個會有效利用信用卡的人,建議馬上剪掉你的卡。

另外,很多年輕人都會線上申請分期信貸,由於申請流程簡便、撥款快速,再加上分期還款,常讓人忽略背後高昂的利息,如果沒有謹慎評估還款能力,風險也不容小覷。

賺得多也花得多的人,很多都是幼年時期非常貧窮的人,他們以花錢的方式來忘卻幼時貧窮帶來的恐懼和羞愧感,因為花錢的瞬間能夠短暫地讓他們擁有掌控感,但那只是一瞬間,在那之後便會長久地感到不安。如果不處理

好自己和金錢的關係，一生都會被不安所控制。

所以大家可以在花錢之前問自己 1 個問題：最近有沒有買不需要的東西？買這個東西的時候，內心有什麼感覺？

為生活做一些減法，讓消費回歸理性和本心，守住我們的財富。你可能會覺得，說得容易做到難，怎麼管住自己的手呢？一起來看第 3 個建議。

3. 找一個可靠的「財務總監」來監督自己

從你的另一半和朋友中找一個自律的人來監督你，下次消費的時候先詢問他，若他也同意才買，如果你有家庭，全家可以選出一個財務總監，每項支出都要投票通過。跟大家講一個小祕密，幾乎每次消費的時候，我都把我先生拉出來給我建議，因為他知道我是衝動型消費者。

支出調整後，我每個月的信用卡消費最少能省下 4.5 萬元，1 年多存了幾十萬元！千萬不要掉入消費陷阱，一定要關注你自己財富的護城河。

其實我們的財富累積並不是靠幾個關鍵選擇，而是日常生活中的每一個小選擇，最終累積成為我們的原始財富，所以請大家一定要記得適度消費。

小練習

　　檢視你最近 3 個月到半年的帳單，列出有多少費用是「想要」而不是「需要」？有多少費用是值得花或值得投資的？試著優化未來每個月的消費支出。

1-2

現在開始理財
替未來存一份底氣

當局者迷，旁觀者清。

—— 後晉政治家 劉昫

閱讀本節之前，請先思考以下 3 個問題

1. 為什麼賺不到知識以外的錢？
2. 你有想過用財務報表管理財富嗎？
3. 如何利用 3 張表管理自己的財富？

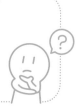

　　大多數人都是 22 歲左右開始進入社會工作，當投資虧損或家庭發生巨大變故時，才想到要提升財商，開始重視並規劃自己的財富和人生。我和周劍銓也是後知後覺的人。

　　我在香港投資銀行工作時，曾月入幾十萬元，但幾乎每個月都會花光，當時我認為，反正每個月都會有幾十萬

元的薪水進帳,所以對「錢花在哪裡」和「留下多少」都不太在意。

2014 年,我因為沒有做好規劃,手上現金太少,只好無奈地向銀行借錢應急,導致日後每月入不敷出。2015 年,投資銀行開始裁員,我想離開創業時,才發現現金流嚴重不足,不僅要還銀行貸款,還要還房貸,只要 1 個月沒有工作,我就會因為沒有錢而宣告破產,那時才知道預留生活緊急預備金的重要性!後來我跟周劍銓交往,很幸運地借助他的經驗和指導打破了我的財務困境。

所以,22 ～ 30 歲這個階段一定要建立財商意識、了解自己的資產結構。從 2020 年起,我們指導了來自不同行業的 1,000 名學員,經過多年的觀察,我們發覺大部分人在管理財富方面都有以下共同的問題:

・不清楚錢花在哪裡。
・不確定每月能剩下多少錢。
・不知道買過的理財商品是賺錢還是虧錢。
・不了解資產的流動性和風險。

- 盲目地投資不符合自己財富規劃的資產。
- 認為買了理財商品就是在管理財富。

　　你可以檢視一下，看自己有沒有這些問題？如果你沒有搞清楚以上 6 個問題，你的財富成長速度就很難提高，甚至當遇到一些黑天鵝事件，比如疫情、股災、裁員、理財商品崩盤時，就會迅速清光你辛苦累積的財富。

　　我們在第一本書《財富自由從 0 到 1》中曾提到利用「梳理支出」、「重整債務」和「增加現金流」這 3 種方法來管理財富，這讓我們實現了千萬負債到千萬資產的命運轉變。正確管理財富的前提是你要成為自己財富的旁觀者而不是當局者，先看清自己要管理什麼，然後再去做。

　　如果你真的非常重視自己的財富，那請你牢牢記住以下這個財富管理的原則：先明理、再梳理、後管理。

先明理：你賺不到知識以外的錢

　　金融商品只是一種工具，如果你不具備充分的知識去駕馭這些工具，隨時會血本無歸。大部分管不好財富的人

都是投資失敗虧錢後，才發覺自己對金融商品的認知不足。

　　2019 年底，我先生的一位親戚說，有一個朋友找他投資一家從事外匯交易的子公司，金額約 450 萬元，母公司是一家從事黃金、白銀、期貨和外匯交易的公司。

　　我先生的親戚被拉到一個通訊軟體的群組裡，群組管理員每天晒從外匯中賺了多少錢，有些群友也開始投資小錢，然後金額越來越多，帳面上賺了很多錢。我先生的親戚對外匯一點都不懂，但也忍不住先投資了 25 萬元，不久就賺了 15%，之後又追加 125 萬元。2020 年初，群組管理員突然說投資系統被駭客攻擊，丟失了所有的交易資料，錢都拿不回來了。

　　我先生早已提醒過親戚不要亂投外匯，因為這種投資對投資人的分析能力和反應速度要求很高，並且，買賣外匯都有相關法規規範，通常是由合法的金融機構提供相關服務，市場上不可能有來歷不明的平台幫你操盤賺錢。我們經常收到一些讀者的求助，說是被騙進了這種外匯的「殺豬盤」（詐騙集團透過建立信任，一步步設下陷阱，達成詐騙目的）。所以，大家千萬不要掉進坑裡！

再梳理：用 3 張表釐清財務狀況

相信你也經常聽到「你不理財，財不理你」這句話，但其實「理財」不是馬上動手買什麼理財商品，你要先梳理自己的財務狀況。如果你不了解自己實際的財務情況、不關心自己的資產結構變化，你就看不清楚現在和未來的需求。

我們可以借鏡會計師分析企業財務的方法，為自己或家庭製作財務報表，為財務做一個簡單的「診斷」。一般來說會用到 3 張表：資產負債表、收入支出表（損益表）、現金流量表。

「資產負債表」就好比人體的骨架，「收入支出表」就是人身上的肌肉及各器官，而「現金流量表」好比人體的血液。健康的血液為身上的肌肉及各器官提供養分，人就會健康生長，只有 3 者緊密地結合，才能擁有一個健康的身體！一個人現金流越多，就能配置更多的資產，當資產比負債多時，你的財富才會增長。

在這裡我們教大家如何簡單製作財務報表。假設一位上班族的財務狀況概述如下：

【收入支出情況】

· 年收入（稅後薪資）70 萬元

· 基金分紅 2.4 萬元（年初投入 60 萬元，4% 收益率）

· 副業收入 15 萬元

· 非固定支出 19.4 萬元

· 固定支出約 80 萬元

【資產負債情況】

· 年初手上有現金 120 萬元

· 5 年前買汽車 120 萬元，目前市場價值 27 萬元，年底
  繳清貸款

· 1 年前買了一間 900 萬元的套房，市價不變，30 年期貸
  款 645 萬元，每年還房貸 28.8 萬元，含 1.1 萬元利息

· 年中投資 50 萬元股票

· 年初有 5 萬元的免息短期私人貸款，年中全部償還

1. 收入支出表和資產負債表

　　收入支出表反映個人及家庭在 1 年內的收支情況（可
以想成是記帳後的總結），重點是這段時間能存下多少錢；

資產負債表反映的是你的資產到底是增值還是減值。

圖表 1-1　收入支出表和資產負債表

收入支出表（年度）

收入項目		金額（元）	占比（%）
正常收入	薪資（稅後）	700,000	68.5
投資收入	基金分紅	24,000	2.3
其他收入	副業收入	150,000	14.6
	金融資產增值／減值	150,000	14.6
總收入		**1,024,000**	**100**
支出項目		金額（元）	占比（%）
非固定支出	水、電、瓦斯費用	20,000	2
	交通費	24,000	2.3
	旅遊、休閒、娛樂費用	150,000	14.6
固定支出	大樓管理費	12,000	1.2
	汽車折舊（非現金）	186,000	18.2
	房貸	288,000	28.1
	個人貸款（短期）	50,000	4.9
	汽車貸款	264,000	25.8
總支出		**994,000**	**97.1**
淨收入（總收入－總支出）		**30,000**	**2.9**

資產負債表（年度）

資產		年初金額（元）	年末金額（元）
流動資產	銀行現金	1,200,000	20,400
	股票	—	500,000
流動資產總計		**1,200,000**	**520,400**
非流動資產	汽車	1,200,000	1,200,000
	汽車累計折舊	–744,000	–930,000
	基金	600,000	1,000,000
	房地產市值	9,000,000	9,000,000
非流動資產總計		**10,056,000**	**10,270,000**
總資產（流動＋非流動）		**11,256,000**	**10,790,400**
負債		年初金額（元）	年末金額（元）
短期負債	個人貸款（銀行短期）	50,000	—
短期負債總計（1 年內）		**50,000**	**—**
長期負債	房地產	6,450,000	6,162,000
	汽車貸款	264,000	—
長期負債總計（1 年以上）		**6,714,000**	**6,162,000**
總負債（短期＋長期）		**6,764,000**	**6,162,000**
淨資產（總資產－總負債）		**4,492,000**	**4,628,400**

這裡要提醒大家在製作這兩份表格時要注意的事項：

1. 收入支出表反映的數據都是實際現金收入和支出，但有

時候會產生非現金的收入或支出記錄，主要是根據會計原則需要而產生。比如，持有的股票還沒有賣出，價值就會隨股價變化而變動，需要在表裡記錄為未實現收益或虧損，實際賣出後，才會列入正式收益或虧損。

2. 資產負債表分為「總資產」和「總負債」，淨資產就是總資產減去總負債。淨資產的變動反映的就是你的財富有沒有增長。

3. 資產可以分為「流動資產」和「非流動資產」，而負債可以分為「短期負債」和「長期負債」。凡是你在 1 年內能變現的資產或償還的負債，就是流動資產和短期負債；1 年以上，無論是用錢衡量的理財商品，還是房車或藝術品這樣的資產，全部都是非流動資產。超過 1 年償還的負債都是長期債務。

4. 所有資產和負債價值都要按照現在的市場價值填寫。

2. 現金流量表

收入支出表記錄每年你各類項目支出後剩下多少錢，資產負債表會列出實際財富增減的情況，但並不能看清楚你的銀行帳戶資金進出「資產」和「債務」之間的過程。

為了更準確把握現金流的去向，「年終現金餘額」可以由現金流量表計算出來。

> 年終現金餘額＝年初現金餘額＋3種個人活動（收入活動、投資活動、融資活動）的資金變動。

我認為3張財務報表最實用的是現金流量表。現金流如同個人財務的血液，失業沒有收入並不會影響生活，但沒了現金流，個人財務遲早會「掛掉」。

3種個人活動對現金流的變化計算如下：

· **個人收入活動**：一般使用收入支出表和資產負債表的數據計算。

> 個人收入活動＝收入支出表的淨收入＋收入支出表的非現金流支出＋資產負債表上資產變更價（不包括現金）。

· **個人投資活動**：一般使用資產負債表的數據計算。

> 個人投資活動＝任何金融及固定資產投資的支出＋完成資產交易後的實際價值。

‧ **個人融資活動**：一般使用資產負債表的數據計算。

> 個人融資活動＝任何債務本金償還＋任何第三方貸款。

圖表 1-2　3 種個人活動計算方式

現金流量表		年度變化（元）
個人 收入活動	淨收入	30,000
	汽車折舊 （非現金）	186,000
	基金價格變動	−150,000
個人收入活動總計		**66,000**
個人 投資活動	股票投資	−500,000
個人投資活動總計		**−500,000**
個人 融資活動	個人貸款償還	−50,000
	房貸償還	−288,000
	汽車貸款償還	−264,000
個人融資活動總計		**−602,000**
年度現金變動		**−1,036,000**
年初現金餘額		**1,200,000**
年終現金餘額		**164,000**

淨收入＋非現金流支出＋資產變更價（不包括現金）

任何金融及固定資產投資的支出＋完成資產交易後的實際價值

任何債務本金償還＋任何第三方貸款

大家乍看以上報表可能會嚇一跳，尤其是以前沒有接

觸過會計財務報表的人可能會覺得怎麼這麼複雜！

圖表 1-3　資產負債表架構說明

資產負債表（人體的骨架）

資產	年初金額（元）	年末金額（元）
流動資產	記錄各項資產名稱、年初和年末金額	
非流動資產		
總資產	11,256,000	10,790,400

負債	年初金額（元）	年末金額（元）
短期負債	記錄各項負債名稱、年初和年末金額	
長期負債		
總負債	6,764,000	6,162,000
淨資產（總資產－總負債）	4,492,000	4,628,400

總資產

流動資產：1 年內變現的資產，如：現金、股票

非流動資產：1 年以上變現的資產，如：房子、汽車、藝術品

總負債

短期債務：1 年內償還的債務，如：短期銀行貸款

長期債務：超過 1 年償還的債務，如：不動產、汽車貸款

淨資產＝總資產－總負債
➡ 發現自己的財富是否有增長

註：所有資產和負債價值都要按照目前的市場價值填寫。

但其實只要你花時間做一次，弄清楚整個報表的架構

（見圖表 1-3 ～ 1-5 說明），以後做起來就會非常方便快速。

圖表 1-4　收入支出表架構說明

收入支出表（人身上的肌肉及各器官）

收入項目	金額（元）	收入占比（%）
正常收入		
投資收入	記錄各項收入名稱、金額、占比	
其他收入		
總收入	**1,024,000**	**100**

支出項目	金額（元）	支出／收入（%）
非固定支出	記錄各項支出名稱、金額、占比	
固定支出		
總支出	**994,000**	**97.1**
淨收入（總收入－總支出）	**30,000**	**2.9**

總收入
- 正常收入，如：年薪（稅後）
- 投資收入，如：基金、股票配息等
- 其他收入，如：副業收入、金融資產增值／減值等

總支出
- 固定支出，如：大樓管理費、汽車折舊、房貸、短期貸款、汽車貸款等
- 非固定支出，如：水電瓦斯費用、交通費、旅遊費用、休閒娛樂費用等

淨收入＝總收入－總支出
➜ 發現一段時間能存下多少錢

註1：本表主要反映實際的現金收入和支出。
註2：股票實際賣出後，才會列入正式收入或虧損。

圖表 1-5　現金流量表架構說明

現金流量表（人體身上的血液）

現金流量表	年度變化（元）
個人收入活動	使用收入支出表＋資產負債表數據。如：淨收入、汽車折舊、基金價格變動
個人收入活動總計	**66,000**
個人投資活動	使用資產負債表中資產的數據。如：股票投資
個人投資活動總計	**−500,000**
個人融資活動	使用資產負債表中負債的數據。如：個人貸款、房貸和汽車貸款的償還
個人融資活動總計	**−602,000**
年度現金變動	**−1,036,000**
年初現金餘額	**1,200,000**
年終現金餘額	**164,000**

個人收入活動
＝收入支出表淨收入
＋收入支出表非現金流支出
＋資產負債表資產變更價（不含現金）

個人投資活動
＝任何金融及固定資產投資的支出
＋完成資產交易後的實際價值

個人融資活動
＝任何債務本金償還
＋任何第三方貸款金融

含金量最高

年終現金餘額
＝年初現金餘額
＋3 種個人活動的資金變動

後管理：補足漏洞 養成有錢體質

花了那麼多時間製作自己的財務報表，那究竟該如何利用這些財務報表來進行財務管理呢？

我們以上述例子分析（見圖表 1-1、1-2）：

1. 從收入支出表來看，個人貸款和車貸在明年會消失，所以支出會減少 31.4 萬元。汽車折舊（非現金）明年也會消失，但並不會增加現金流。

2. 副業收入是 15 萬元，但明年可能沒有。如果從明年節省的 31.4 萬元支出中抵消 15 萬元副業的消失，你的帳戶上還會增加 16.4 萬元現金。

3. 固定支出基本沒有辦法降低，可以從非固定支出再省出 1 萬～2 萬元用作儲蓄或資產投資。

4. 淨資產雖然從 449.2 萬元增長到 462.8 萬元左右，但其中房產淨值占了一半，其他的資產如汽車或股票（除了基金）都產生不了更多現金流。

5. 年底結算的現金餘額為 16.4 萬元，而每年的支出為 99.4 萬元。萬一失業，在股票和基金不變現的情況下，手頭上的現金只能勉強維持 2 個月的生活。

　　我在這裡只簡單舉了幾個分析結果，還有很多數據可以用來深入分析你資產和財務的狀況。

　　「智者一切求自己，愚者一切求他人」，無論你目前幾歲，無論你有沒有學過會計或金融，都要學會看懂自己財務的整體概況，依賴別人提供給你財富管理的工具或指導，自己卻一知半解，到最後很可能會成為投資市場的犧牲品。

小練習

　　按照你目前的儲蓄和投資情況，做一套財務報表。你可以參考我的範本，也可以根據自己的情況稍作改變。

運用複利思維存錢
越存越上癮

無欲速，無見小利。欲速則不達，見小利則大事不成。

—— 儒家學派創始人 孔子

閱讀本節之前，請先思考以下 3 個問題

1. 為什麼複利增長是「滾雪球」式增長？
2. 為什麼年輕的時候更要用複利投資呢？
3. 如何借力專業的投資機構進行複利投資？

　　「複利」被著名科學家愛因斯坦（Albert Einstein）稱為世界第 8 大奇蹟，是能夠事半功倍累積財富的方式，對於收入不多、存款不豐的年輕人來說十分重要。如果你還不知道這個「奇蹟」，還沒有認識到它可能帶來的豐碩成果，那你一定要認真閱讀本節文章。

做時間的朋友 讓財富指數成長

2022 年，我的一個朋友買了每月配息的基金，剛好市場不錯，每月的利息累積下來，1 年賺了 14%。這個朋友馬上把利息都取了出來，自己稍微添了一點，去買了另一檔很穩健的基金。

這就是用鵝生出來的蛋，再去孵小鵝。這也是很多理財課都不斷提到的「複利」。單利就像是在銀行存本取息，利息按月領取，不會再加入本金計算利息；複利則是把賺到的利息再投入投資，隔年計算利息時，「本金（含獲利）加前一年利息的總額」會產生新的利息，俗稱「利滾利」，是最適合理財新手的一種投資思路。

很多人覺得，投資理財，就是要看準時機進場，馬上賺一筆。但我們想分享給大家的是：時間比時機更重要。請做時間的朋友，不要想著快速致富，要耐心致富。

我在網路上看過複利和單利的一個簡單的比喻。想像有兩片稻田，A 田採用單利，B 田採用複利，開始的時候，兩片稻田都只有 1 顆稻穀。A 田每一年的收穫都是 1 顆稻穀；B 田第 1 年收穫 1 顆稻穀，這顆稻穀又重新種回田裡，

所以到第 2 年產量翻倍，共收穫 2 顆稻穀。

之後每年都把收穫的稻穀種回去，產量都是前一年的兩倍，第 3 年變成 4 顆、第 4 年變成 8 顆……從這個比喻中，我們可以看到複利的威力。長期來看，B 田（複利）的收穫呈指數成長，而 A 田（單利）的收穫始終是 1 顆稻穀，成長是呈線性的。時間越長，單利和複利累積的資產差距越大，這就是為什麼我們說複利比單利好。

在實際的投資中，如果我們持續地將收益重新投資，利用複利的原理，最終的收益將遠超過單利投資的方式。

圖表 1-6　單利和複利收益曲線

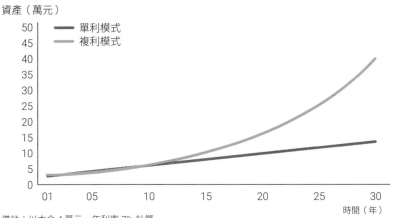

備註：以本金 4 萬元、年利率 7% 計算。

複利能讓投資事半功倍

關於利用複利投資，有 3 點大家一定要記住。

1.「滾雪球」一定贏過雲霄飛車

我有一位擔任基金經理人的朋友，他熱衷於投資，把 90% 以上的金融資產都放在了海內外的股票和基金上。這位朋友認為，這樣做可以讓錢更快地增值，他一直很鄙視銀行定存和年金保險，覺得把錢放在裡面就是白白錯過讓錢升值的機會。

讓我感到意外的是，今年這位朋友突然聯繫我，跟我說想為自己配置一份擁有複利功能的退休儲蓄計畫。當時我很驚訝，就問他：「你不是一直不喜歡儲蓄型計畫，只喜歡投資嗎？為什麼突然問起儲蓄計畫了？」朋友回答道：「今年行情不太好，股票和基金不得不在低位階認賠出場，本來 500 萬元的資產現在只剩下 250 萬元了。」

他說他之前只專注於收益，但現在意識到了安全和穩定的重要性。沒有了安全性和穩定性，再多的收益也只是水中月、鏡中花。

我們可以看到，穩定的複利回報雖然開始時不起眼，

但是長期下來，收益是非常可觀的，甚至比波動很大的基金收益還高，最重要的是，我們完全不用操心。我們可以把股票類型的高收益、高波動投資和穩定的複利投資看作兩種不同的投資方式（見圖表 1-7）。

圖表 1-7　單筆高波動投資 vs 穩定的複利投資

股票類高收益、高波動的投資就像是雲霄飛車，大起大落很刺激，能讓你獲得極高的收益，但同時也面臨著很大的風險，如果不慎犯錯就可能損失慘重。

複利投資就像是滾雪球，它的速度雖然不快，但貴在

持續和穩定，時間越久，雪球越大：有很黏的雪（穩定的收益）和很長的坡（長期持續的利滾利）。複利投資的收益通常以低波動、逐步成長的方式實現，在長期投資過程中，它就像是一位誠實可靠的朋友，能確保你的投資穩定地成長。如果你追求穩定性和長期收益，把部分資產透過這種方式增值可能更適合你，這樣你晚上也能睡得更安心，白天過得更舒心。

總之，高收益、高波動投資就像是一場刺激的短跑比賽，而穩定的複利投資則更像是一場考驗耐心與毅力的馬拉松。我們試著把時間拉長，誰更可能贏呢？

我想你的心中已經有了答案。

2. 越早開始成果越豐碩

為什麼年輕的時候更要開始用複利投資呢？因為「提前布局，美好結局」。

讓我舉一個簡單易懂的案例來解釋年輕人如何利用複利投資。複利的本質，就是把每年的收益再投資，放回本金裡繼續滾存生息。

假設有3個人，小Ａ（20歲）、小Ｂ（30歲）和小Ｃ（40

歲），每位投資人每年投資 5 萬元，年收益率為 6%，他們
都計畫在 65 歲那年退休，以下分別是他們投資和累積資本
的情況。

首先，小 A 從 20 歲開始投資，總共投資 45 年，每年
6% 的收益率。小 A 的總投資金額為 45 年 ×50,000 元＝
2,250,000 元。按照複利公式計算：

$$FV = P \times \left[\frac{(1+r)^n - 1}{r} \right]$$

FV 表示未來價值；P 表示每年投資金額；r 表示收益率；
n 表示年期。

小 A 總收益為 10,637,176 元，相當於 45 年間，他用
這 2,250,000 元「鵝媽媽」孵出了約 8,387,176 元。非常
驚人，對吧？

接下來，我們來看小 B。他從 30 歲開始投資，總共投
資了 35 年，總投資金額達到了 1,750,000 元。經過長期的
複利效應，他到退休時總共獲得了約 5,571,739 元。

最後，我們來看小C。從40歲開始投資，投資了25年，當他65歲時，總投資金額為 1,250,000 元，他的退休金將達到約 2,743,226 元。

透過這個案例，我們可以看出年輕人越早開始理財，越能利用複利的力量，幫助自己在未來累積更豐厚的財富，也就是說越早開始投資，你滾出的雪球就會越大。投入金

圖表 1-8　越早開始複利投資 滾出的雪球也越大

年齡	20	30	40	50	60	65 退休

A　投資 45 年 ％　10,637,176 元
（累計投資 2,250,000）

B　投資 35 年 ％　5,571,739 元
（累計投資 1,750,000）

C　投資 25 年 ％　2,743,226 元
（累計投資 1,250,000）

$ 每年投資 50,000 元　％ 年收益 6%

額相同，延後 5 年或 10 年，在穩定複利的影響下，財富累積的差距卻超過百萬。所以，不要小看時間和複利對財富的影響。

3. 借力金融機構商品 鎖定利率

一般人很難數年如一日自律地進行複利投資，所以借力專業機構的投資商品，用被動儲蓄的方式配置複利資產，可以更好地實現財富成長。尤其當遇到利率下降的趨勢中，儘早配置複利資產，能鎖定比較高的長期收益率，避免賺錢的速度趕不上利率下滑的速度。

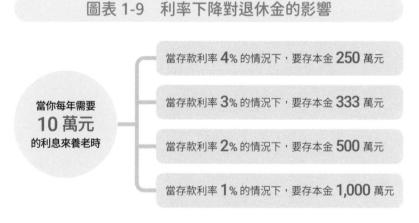

圖表 1-9　利率下降對退休金的影響

當你每年需要 **10 萬元** 的利息來養老時

當存款利率 **4%** 的情況下，要存本金 **250** 萬元

當存款利率 **3%** 的情況下，要存本金 **333** 萬元

當存款利率 **2%** 的情況下，要存本金 **500** 萬元

當存款利率 **1%** 的情況下，要存本金 **1,000** 萬元

你賺錢的速度，趕得上利率下滑的速度嗎？

最常見的複利商品是保險公司的儲蓄險與年金險，這些商品的核心價值在於透過長期的資金累積與穩健的增長機制，為投保人提供穩定的財務收益，同時滿足不同階段的財務需求。

儲蓄險是一種專注於穩定增值的保險商品，其特點在於利用固定的預定利率或保險公司宣告的年度利率，讓資金逐年累積並呈現複利效果。這類商品特別適合用於中長期的財務規劃，例如孩子的教育基金、家庭儲蓄計畫或退休金的初期累積。投保人繳納的保費會進入保單帳戶，透過每年穩定的利率進行增值，並逐步累積成為一筆可觀的資金。

對於風險承受能力較低、追求穩定收益的保守型投資人而言，儲蓄險是一個理想的選擇。然而，其固定利率的特性也可能導致在高通膨時期的實際購買力下降，因此更適合在低風險環境中發揮作用。

此外，年金險則是一種專為退休和長期收入規劃設計的保險商品，適合需要穩定現金流的個人。年金險的最大特點是投保人可以選擇在未來的某個時間點開始定期領取

收入，這部分收入可能基於固定的預定利率（如定額年金險）或與市場利率掛鉤（如利率變動型年金險）。

年金險還能透過長期的資金累積，實現穩健的複利增值，特別是在利率環境良好的情況下，收益表現可能比儲蓄險更具吸引力。對於即將進入退休階段或計畫長壽保障的個人而言，年金險是一個不錯的選擇，能有效補充其他退休計畫的不足。然而，年金險的靈活性相對較低，且部分商品在給付期內剩餘資產不一定能全額退還，因此需要投保人在規劃時充分考慮其特性。

儲蓄險與年金險各有特色，但在選擇時，了解兩者的核心功能與複利機制有助於更清晰地找到適合的財務工具。

除了複利的儲蓄商品，一般人還可以自己投資，選擇一些長期收益穩定、風險較低的投資工具，例如指數基金等。定期進行投資，不斷地將收益投入資產中，會讓收益產生更多的收益。

總之，想要獲得複利最重要的就是耐心。就像一個雪球，開始時非常小，但隨著滾動的時間越來越長，看似微不足道的雪花累積起來，雪球就會越來越大，最終變得非

常龐大。

要借用複利的力量,就是要儘早投資,讓時間做你的朋友。比如我的很多客戶,他們會為自己的孩子買一份複利的外幣型儲蓄險,直到 20 年後他們大學畢業甚至成家立業,才會把這一份儲蓄險給他們。如果孩子表現得不好或者不爭氣,那這份儲蓄險他們就自己留著用,不會給孩子了。

我也為我和先生以及女兒買了 3 份複利外幣型儲蓄險,並且不打算在女兒 18 歲上大學之前,或我們自己退休前用到這筆錢,希望能夠讓它安靜地、默默地增長。

無論是投資還是人生,複利效應都很顯著。工作、人脈、技能,甚至一點點運氣都能像雪球一樣不斷翻滾累積。

小練習

試著梳理一下你目前的投資理財商品,哪些是單利的,哪些是複利的?計算一下你獲得的實際收益,與當初購買時的預期相比,是賺是虧,你滿意嗎?如果重來一次,你會如何調整呢?

擺脫靠勞力賺錢
建立「睡後收入」

金錢是一種有用的東西,但是,只有在你覺得知足的時候,它才會帶給你快樂,否則的話,它除了給你煩惱和妒忌之外,毫無任何積極的意義。

—— 台灣詩人 席慕蓉

閱讀本節之前,請先思考以下 3 個問題

1. 你現在有哪些賺錢方式?
2. 財務自由的本質是什麼?
3. 如何減輕自己賺錢的困難程度?

　　人生就像行走在一條很長的道路上,走得越遠看到的風景越多、越美。在這條人生的道路上,有人選擇步行,有人選擇開車,還有人選擇坐火車,為了看到更多更美的風景,當然要選擇更快捷的交通工具。累積財富也是如此,你的選擇會決定你一生存錢的難度。

單打獨鬥：靠自己的勞力賺錢

「單打獨鬥」就像走路，指的是你靠自己的體力或腦力，取得固定的薪水。這個方式是主動收入，要付出努力，如果發生很大的變故，就會中斷收入，所以無論工作多麼努力、多麼勤勞，賺到的錢都是有限的，存錢的難度也相對較高。

我畢業後 8 年多都在職場打拚，一直加班，3 年在會計師事務所，5 年在投資銀行。尤其是在投資銀行，基本上沒有節日和假日，週末睜開眼就去公司，我拚命地燃燒自己，以加班為榮，覺得自己在不斷地創造價值，後來我慢慢地發現，在工作的同時，我也失去了很多，自己作為「人」的需求永遠要在工作之後。

我永遠不會忘記促使我下定決心離開投資銀行的原因。我一位關係非常好的同事小靜星期五晚上下班比較早，晚上 10 點去了朋友家聚會，那位朋友恰巧我也認識。11 點多朋友著急地打電話給我，說小靜忽然暈倒，後腦杓撞到了鞋櫃的邊緣，流了一大攤血，朋友緊急叫救護車將她送到了醫院。

　　原本第二天小靜還要加班，於是她拜託我幫她寄信給老闆，請幾天假住院。我馬上寄信給她老闆。第二天一早老闆著急地打給我，第一句話就是：「她是在辦公室暈倒的，還是在家暈倒的？」得知不是在辦公室，我明顯聽到他鬆了一口氣。接下來的幾天這位老闆就再也沒有一點動作，所有同事也跟沒發生這件事一樣。

　　小靜情況好轉之後，就寄信給老闆，小靜說再恢復幾天就回來上班，老闆回復了。我至今都記得他的那段話：「小靜，謝謝你及時更新你的情況，請保證你回來上班的時候是 100% 恢復的，因為我們馬上有個專案要開始，需要你 100% 地投入工作，謝謝。」這封郵件沒有一句關心，沒有一句問候，而是提出回來工作後身體就必須達到 100% 恢復的要求。

　　在那一刻，小靜被敲醒了，突然想通了很多事情，而我作為旁觀者也被敲醒了。一個星期之後小靜回來，直接辭職離開了，她為這個老闆兢兢業業奮鬥了 5、6 年，只得到了這樣的結果，這對她來說也是非常好的解脫了。

　　之前我一直覺得職場就是叢林文化、弱肉強食，高薪

就是要拿命拚,就是不應該有自己的生活。後來我見了很多不同行業的朋友,看到了很多快樂的人,發現我以為的只是世界的一角,世界很大、很精彩,有很多人快樂而有尊嚴地賺錢,充實而有意義地貢獻。

我個人一直覺得:薪水＝補償(二者的英文都是compensation),而人不應該只為了補償而活,應該為未來單飛儲備足夠的彈藥,希望有一天長出翅膀,去做自己真正想做的事情。

可怕的是,很多人在年輕的時候薪水逐年上漲,覺得未來一定會很好,殊不知在 35 歲左右會逐漸進入中年職場危機:薪水不但不漲,工作還可能被比自己更年輕、性價比更高的同事取代。

我有好幾個朋友,20 多歲到 30 多歲在職場上一路飛黃騰達,年收入不斷上漲,但是 35 歲之後,因為各種原因離開了高薪的公司,想找一個收入是原來一半的工作都非常難。

除了心理上的落差,更難的是整個家庭都習慣了之前幾百萬收入的生活,如何在未來的幾十年裡,面對收入大減、財富縮水的狀況還能好好生活呢?畢竟由儉入奢易、由奢

入儉難，這是依靠單一收入的上班族最需要警惕的一點。

多軌並行：靠資產配置賺錢

多軌並行，指的是你靠自己的本事去賺錢，但是不止一個賺錢管道。就像開車，雖然也需要自己去把握方向盤，但是有 4 個輪子在前進，如果遇到順利平坦的下坡路，稍加馬力還會開得很快。

我認識一個前輩，他並不是靠創業，而是靠上班在 5 年內累積了數億資產！當然如果只靠薪水，幾乎是不可能實現的。他的祕訣如下：

他每年的收入大約有 900 萬元是薪水，其餘收入都是公司的股票或期權激勵（賦予員工以折扣價購買股票的權利）。因為他在一家處於快速上升期的公司負責一塊重要的新業務，做得極好，業務市占率和利潤都增長得很快，所以老闆不斷地給他期權激勵，而這家公司的期權價格從他剛入職時的 9 元飆升到了 4,500 元，現在依然還有 300 ～ 360 元，他的收入自然水漲船高！

對於多軌並行我還有一個理解：如同開車時前輪帶後

　　輪。車的前輪，是努力工作或創業賺取的主動收入；後輪就是投資。靠前輪「人賺錢」帶來的財富，用後輪去「錢賺錢」，建立自己的資產組合。

　　當然，賺錢本身並不重要，重要的是在累積財富的這個過程中你獲得的經驗、人脈，如何利用這些金錢以外的資源，才是一生財富源源不斷的關鍵。一個屬於自己的品牌，一個屬於自己的資產組合，一個屬於自己的生意和企業才是真正長遠且有價值的資產，才能為我們帶來財務自由。

　　我們夫妻早在 2020 年就透過努力實現了多軌並行創造收入，在第 1 本書《財富自由從 0 到 1》中也列舉了我們的多軌道收入來源，提供讀者參考。

圖表 1-10　多軌道收入來源	
人賺的錢	錢賺的錢
知識付費收入（理財與說書訓練營、錄播課程、對外講課、圖書版稅）	投資利息收入（存款利息、債券、不動產信託、基金等）
團隊業務收入	不動產租金收入
個人保險業務收入	出售不動產的增值部分收入
個人／家庭財務諮詢收入（按小時收費）	長期保險分紅
平台合作、廣告收入等	平台合作費、產品銷售佣金

單打獨鬥＋多軌並行：靠系統和思維賺錢

這個階段我們可以理解為靠系統和思維賺錢。我們建立起了一個讓錢自動流入的系統，不需要再付出很大努力，就可以保持財務自由的狀態，這個系統可以是一個商業模式，或是一個投資組合，就像一列火車。

因為在「火車」上，我們無論是玩耍、聊天還是睡覺，火車都會繼續運行，你不需要為錢而工作，錢會主動為你工作，我們可以好好欣賞沿途的風景。

你賺的收入是屬於哪一種呢？

・擁有系統的人賺的是「睡後收入」——睡醒後就有的收入。

・持有大量資產組合的投資人賺的是「免稅收入」，是不用交稅的投資收入。

・一般上班族賺的是「稅後收入」，即賺到錢還要交完稅才屬於自己。

・為了賺更多錢，除了本職工作以外還去做兼職的人，賺的是「免睡收入」——不睡覺來換取的額外收入。

　　一個人的時間和精力都是有限的，因為我們不是機器人，就算每天夜以繼日，你能夠做的事情、接待的客戶也是有限的。我們在 8 年前剛考慮創業時就意識到這個問題，一定要運用槓桿借力，大家一起把餅做大，要成立團隊、建立品牌、搭建平台，吸引更多的人來一起奮鬥。

　　所以我們從 2016 年就開始建立自己的團隊，吸引了很多優秀的夥伴一起做財富管理事業，去服務更多的家庭。我們的團隊也從多人單業務拓展到多人多業務，把財富管理團隊扎實升級到了家族辦公室（為超高資產客戶的家庭提供財富管理服務）的模式。

　　2023 年，我們的團隊幾乎每週都收到很多新簡歷，這是因為更多人意識到選擇一個足夠專業的平台，才能在現階段單打獨鬥的業務上，扎實累積好自己的第一批客戶和第一筆財富；其次，當你想增加多軌道的財富來源，平台也能給你資源和機會培養你，讓你有更多的收入來源和未來成長的想像力；最後，如果你想要升級，自己建立團隊，我們的平台也可以給你助力，把你培養成一個優秀的領袖，你學到的知識和經驗可以繼續傳承下去，吸引更多人與你

一起奮鬥共同成長。

　　從走路，到開汽車，再到坐自己的火車，其實就是我們人生最重要的黃金 30 年，規劃好這 3 個 10 年，我們的生活品質才不會下滑。股神巴菲特（Warren Buffett）說過一句話：「如果你沒有找到一個當你睡覺時還能賺錢的方法，你將一直工作下去。」

　　事業、家庭和理想在人生當中應該取得平衡，哪怕我們現在還沒有達到，但我們至少要有夢想。

　　財富並不是唯一選項，賺錢並不代表要犧牲自由和健康。方法比努力重要，我們看似沒有選擇，但其實永遠都有選擇。

　　這一節希望給年輕的朋友樹立大方向和思維模型，這樣在人生的下一個階段，我們會事半功倍地參與實行、創造財富。

小練習

　　參考圖表 1-10 收入來源表格，列舉你自己的主動收入和被動收入，並寫出下一步如何優化的行動方案。

02

人兩腳錢四腳
聰明人都在用錢生錢

存不到錢？投資踩雷？借貸搞到壓力山大？本節將一針見血戳破理財痛點，教你用定期定額分散風險、讓借貸變成資產增值的利器，還有作者獨創的「六脈神劍」讓你成功破解追漲殺跌和羊群效應。

　　從投資祕訣到家庭財務規劃，這裡有你需要的錢滾錢全攻略，讓你的財務狀況越來越健康！

如何增加被動收入
開啟「躺賺」人生？

善治財者，養其所自來，而收其所有餘，故用之不竭，而上下交足也。

—— 北宋政治家 司馬光

閱讀本節之前，請先思考以下 3 個問題

1. 為什麼說定期定額指數基金是最好的策略？
2. 適合新手投資的商品類型有哪些？
3. 為什麼說公債類基金適合懶人？

　　人的收入分為兩種：主動收入與被動收入。主動收入是透過努力工作與經營賺來的錢；被動收入是躺著就能賺的錢。

　　對於畢業已一段時間、累積了一定財富的人來說，理財的關鍵是被動收入帶來的收益。財務自由最重要的，並

不是今天我投資的收益是多少，而是投資所得到的被動收入是否具可持續性。

　　以下介紹 3 個簡單就能增加被動收入的投資方式和商品類型：

定期定額：養成紀律投資的好習慣

　　投資領域的專家，如股神巴菲特、價值投資之父班傑明‧葛拉漢（Benjamin Graham）都反復強調指數化投資的重要性。而在投資上已取得一些收益的我，會建議投資新手跟著大盤走，直接投資指數基金或指數股票型基金（ETF）。這樣做有 2 個好處：

1. 指數基金或指數型 ETF 不像一般公司會倒閉，它可以跨越經濟週期。一般來說，如果你持有指數基金或指數型 ETF，2、3 年後都會賺錢。

2. 定期定額指數基金或指數型 ETF 是一種強制性儲蓄，並且可以保持資產增值的可能性。

　　定期定額的買入位置一定是有高有低，但是最終仍會拉成一條均線，攤平了股市的波動。任何市場都不是投機

者的遊戲，只有長期投資、長期持有才萬無一失，因為我們的獲利不是來自他人短期虧損的結果，而是經濟的長期增長。

定期定額不用停損，只要負責停利。每個人心裡都有一個停利的標準，比如我的標準是 10%，一旦到達 10% 獲利，我就立刻賣出，當然，你也可以根據自己的需求設置為 15%、20%。

定期定額就是要在固定的時間，比如每月發薪水後的第 1 天，以固定的金額買入。通常定期定額有 3 種時間週期可以選擇：每週、每兩週、每月。不論是哪一種，建議週期要規律。

之前我看到有學員提出逢低加碼，但這會有一個風險：你無法預測市場會不會繼續跌。可能你加碼了，市場卻還在繼續跌，那你就浪費了手中的「子彈」，造成你的可投資資金緊張，影響你其他的資產配置。

所以我提供大家 2 種加碼的思考方式：

1. **跌 30% 再加碼**：投資你手中可用資金的 3 分之 1，然後以 10% 為一批，如果再跌 10%，你再投 3 分之 1，再跌

10%，你就把剩下的 3 分之 1 都投入，之後就按照正常的規律定期定額就可以了。

2. **跌 10% 就開始進場**：每跌 10%，加碼的金額就大 1 倍，呈倒金字塔形，這樣就可以一點一點地加，不至於把所有的子彈都抄在半山腰。不過還是建議大家不要頻繁地去關注市場，耗費太多精力，保持規律，養成定期定額習慣即可。如果真的大跌，資金充足的前提下，超過30% 再適當加碼。

圖表 2-1　定期定額 輕鬆「躺賺」

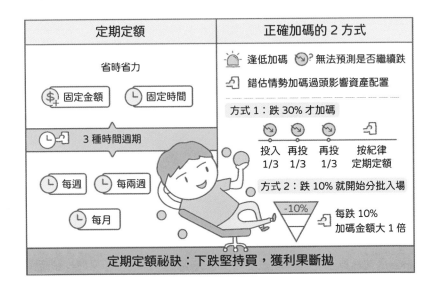

何時大漲，何時大跌，誰都無法預測，也不建議大家去預測。股市的波動和國際形勢有關，很難預測，所以定期定額只要記住一句話：下跌堅持買，獲利果斷拋。定期定額的關鍵就是如果一直在下跌，你是否能夠「下跌堅持買」，如果可以，就能持續拉低我們的持有成本，等待反彈獲利的機會。要定期定額多久？這就看你自己的資金有多靈活了。

指數基金和 ETF：投資小白的入門理財商品

有注意到嗎，上述定期定額的策略，我建議的投資商品是「指數基金」和「指數型 ETF」。

追蹤大盤指數的基金與 ETF 主要具有以下 5 項優點，尤其適合新手投資人（指數基金通常是透過基金公司購買或贖回，ETF 則是可以像股票一樣在交易所即時買賣，價格會隨市場變化波動）。

1. **無需研究個股**：投資追蹤大盤的產品，直接反映整體市場走勢，不需花時間研究個別公司的財務狀況或產業趨勢，對於不熟悉股市的投資新手特別友善。

2. **分散風險**：基金與 ETF 通常涵蓋數十甚至數百檔成分股，透過分散投資降低了單一公司股價波動帶來的風險。尤其是追蹤大盤指數的產品，代表整體市場的表現，投資風險相對分散。

3. **市場代表性**：大盤指數通常由市值最大的公司組成，這些企業與經濟的表現高度相關，因此追蹤大盤指數的產品能反映整體經濟走勢，也讓投資人參與市場成長。

4. **透明度高**：指數基金和 ETF 的成分股及持倉比例皆會公布，投資人可以清楚了解資金流向和市場表現，而大部分指數基金的投資目標和範圍也非常明確。

5. **適合長期投資**：因為經濟發展和企業獲利推動市場上升，大盤指數長期趨勢多數呈現增長，若能持之以恆、定期定額投資，將能獲得市場成長的紅利。

公債類基金和 ETF：安全性高的懶人商品

追蹤大盤指數的基金與 ETF，本質上是投資股票的另一種方式，如果你覺得定期定額股票型的商品波動性太大，那就配置 100% 資金到投資公債類的基金或 ETF。

　　債券依發行機構主要可分為政府公債、公司債等，其中公債是政府為財政支出籌措資金時，向投資人發行的債權憑證，投資人購買公債後，政府會承諾在特定期限內支付利息，並於到期時返還本金，如國債、地方政府債券等，公債按發行幣別又可分為本地債、外幣債。

　　公司債因發行方是公司，違約的風險也會較政府更高，而公債一般認定違約風險為零（如果國家還不起錢，問題就大了！）因為安全等級最高，所以利率偏低。投資這類債券型基金或 ETF 的門檻不高，它的風險評級較低也較穩定，如果你每月剩下一些閒錢，就可以規律地配置這類資產，讓閒錢物盡其用。

　　這裡也給大家一個風險提示，所有的投資都不可能是零風險。像上述的公債已經是市場上極為安全的資產了，非常適合保守的投資人，但也會發生回撤，只是對比股權類資產的波動性是微不足道的。

　　投資新手完全可以在專業金融機構已經挑選出的基金基礎上，用自己學到的方法去分析，這相當於從挑選好的基金中優中選優。

小練習

　　試著認識各類型基金和 ETF，並開始規劃定期定額的投資計畫。

巧妙借貸 讓錢流動起來

我的忠告就是絕不賠錢，做自己熟悉的事，等到發現大好機會才投錢下去。

—— 美國傳奇投資人 吉姆·羅傑斯（Jim Rogers）

閱讀本節之前，請先思考以下 3 個問題

1. 為什麼借錢可以讓財富流動起來？
2. 為什麼要在找到合適的投資標的後再借貸？
3. 為什麼說永遠不要把負債用於消費？

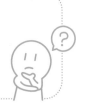

　　學會借錢，才能越來越富有。很多人可能會把借錢當作沒有錢的表現，其實越有錢的人越愛借錢。想要累積財富，一定要理解債務，學會借錢！本節將為大家詳細介紹如何透過借錢讓財富流動起來，其中包括 2 條借錢的黃金原則。

好的借貸能讓你資產翻倍

借錢是一種槓桿，方法用對，資產翻倍；方法用錯，血本無歸。槓桿的目的是事半功倍，也就是倍增，其實無論企業家還是上班族，我們每天都在接觸槓桿，區別只在於你是主動使用槓桿，還是被動使用槓桿。我們在 22 ～ 30 歲之間累積了財富，在 30 ～ 40 歲這個階段就可以充分地運用。

簡單地舉個例子，用別人的錢來做槓桿，就是借別人的資金去投資來增加回報；用別人的時間做槓桿，就是企業家為了提高效率，聘請不同的專業人士來工作。所以槓桿是相對的，在槓桿上只有兩個角色，如果你不是主動用槓桿的那個人，那麼就會成為被槓桿壓倒的那個人。

如果你手上也有不動產，可以參考以下我們用「房貸」這個槓桿，讓錢流動起來的方法。9 年前，我先生跟弟弟合資在香港買了一間中古屋，到了年底，這間房子的房價開始上漲，從一開始的 2,250 萬元漲到 2,925 萬元，漲到 2,925 萬元的時候，他們把房貸轉到別的銀行，以 2,925 萬元的價值和 60% 的貸款成數重新申請房貸。

第 1 次房屋抵押貸款套現過程

> 步驟 1：3 房中古屋市價 2,250 萬元，若貸款成數 50%，則房
> 貸 1,125 萬元、頭期款 1,125 萬元。
>
> 步驟 2：轉房貸：銀行重新估價市值 2,925 萬元，新借 60% 貸款，
> 即 1,755 萬元。
>
> 步驟 3：用新貸款 1,755 萬元償還舊房貸 1,125 萬元，多出 630
> 萬元現金。
>
> 步驟 4：套現 630 萬元現金 ÷2（先生跟弟弟均分）＝ 315 萬元。

雖然每個月的房貸利息增加了一點，但我先生很簡單地就套現了 315 萬元，其後又把 315 萬元投資到債券基金和不動產信託基金來創造穩定的現金流，用更高收益的基金分紅來還房貸，基金分紅扣掉房貸後剩下就是他的淨現金流。

2014 年底，我先生看中了一間位於廣州南沙的毛胚屋（尚無任何裝潢、隔間的原始建築狀態），所以抵押了部分不動產信託的資產，變現了一筆錢去投資南沙的毛胚屋，2022 年 10 月正式出售，不動產的市值剛好翻了 100%。

2015 年，他和弟弟在香港合購的中古屋漲到 4,275 萬

元，他們又把房貸轉到別的銀行，用同樣步驟套現了 405
萬元（說明見「第 2 次房屋抵押貸款套現過程」）。這筆
錢不僅搞定了我們婚禮需要用的錢，買了我喜歡的鑽石戒
指，同時我們把額外的錢又投資了另外一間房子。

第 2 次房屋抵押貸款套現過程

> 步驟 1：3 房中古屋市價 2,925 萬元，貸款成數 6 成，金額
> 是 1,755 萬元。
> 步驟 2：轉房貸：銀行重新估價市值 4,275 萬元，新借 60%
> 貸款，金額 2,565 萬元。
> 步驟 3：用新貸款 2,565 萬元償還舊房貸 1,755 萬元，剩下
> 810 萬元現金。
> 步驟 4：套現 810 萬元現金 ÷2 ＝ 405 萬元。

到了 2019 年中，我先生以 5,175 萬元把房子賣掉，還
清房貸之後獲得 1,350 萬元的現金。

從這裡，大家可以看到我先生如何巧妙地利用一間中
古屋，投資 450 萬元，最終總數變出 2,070 萬元，資產翻
了 4.6 倍，同時變出更多能產生被動收入的基金資產和兩
間房子來收租。這就是我們經常說，投資首先要學會借力，

如果沒有借力思維，是很難把投資做好的。

到了 2020 年，我們感覺香港地區的房價會走低，決定把另外一間房子賣掉，賣房後的錢換成金融資產。透過抵押操作借到的銀行利息很低，大概 1% ～ 2%，然後把錢投資到新的房產項目，以低成本賺最大的收益。

這就是巧妙地透過「借錢」或「槓桿」讓財富流動起來的技術。大家想看清楚如何透過債務讓財富流動，把現金變成現金流的公式嗎？看清楚：

> 財富流動的公式：
> 現金 ➡ 固定資產或金融資產 ➡ 現金 ➡ 金融資產 ➡ 現金流

另外，一定不能抱著以小搏大的心態去放大槓桿，要衡量自己的財力。正確運用槓桿的心態，其實是「分期付款」的概念，而不是以小搏大。我們經常看到學員因為沒有好好管理自己的現金流，出現了「現金流配比不當」（cashflow mismatch）的情況，資金調度產生問題，大家要記住千萬勿短貸長投。

有一位學員借了 5 年期的私人貸款，去投資股票。股票不但沒有分紅，而且市場不好，股價的帳面價值一直跌。光是固定的貸款支出就占收入的 30%，每個月都要消耗自己的存款。

賣房炒股、賣房創業或借錢炒股，這些都是財商低，甚至是傻的做法。為什麼我們一直都敬而遠之短期的投機交易策略？因為這是很危險的，和賭博很相似，如果你大賺了幾筆，往往會想去賺更多的錢，最終會吃足了苦頭，悔不當初。

借錢的黃金原則

對於借貸，很多人可能會有疑問，以下列出 2 個常見問題及解答，幫助讀者釐清。

Q1：什麼情況下可以借貸？

很多人認為自己的生活還算富足，目前也沒有太大的經濟壓力，所以不需要借貸。但我想提醒大家，還是要學會借錢，因為借錢有以下 3 種功能：

- 用未來的錢做現在的事（金融操作借錢投資）。
- 用小錢賺大錢（用槓桿放大收益）。
- 用外地的錢做當地的事（從借錢成本中賺差價）。

可能會有人覺得，既然借錢有這麼多好處，那麼是不是在任何時候都可以借錢呢？不是！只有出現以下這些情況時才能借錢：

- 投資回報率超過借貸利率（息差）。
- 投資的資產能帶來穩定的正現金流（如債券基金、債券、海外不動產）。
- 資產的壽命超過或等於負債年期（時間匹配）。

好的負債本身就是在賺錢，所以懂得如何負債和懂得賺錢一樣重要，特別是通貨膨脹時期。如果你不能判斷你投資的資產能帶來穩定正現金流的話，建議你不要投資，因為有可能你的損失也會被無限放大。

Q2：如何把負債變成良友？

　　要想把負債變成累積財富的良友，需要以下幾個條件：

1. **負債不能用於消費**：如果將負債用在日常支出、旅行、償還債務等方面，就會招來更多的劣債，一定要將其用在能夠產生額外利潤或有助於資本擴張的地方。我們借錢是為了讓錢幫我們賺錢，不是單純地為了消費。

2. **借助固定收入，利用債務創造穩定的收益**：再好的投資，如果沒有穩固的現金流加以保障，最終也會遭到債務的反噬。因此，一定要有餘力持續負擔債務產生的利息，或者用債務本身所創造的利潤去負擔其所產生的利息。

3. **投資中創造出的「淨資產收益率」一定要高於負債所產生的利息**：投資利息低於負債利息，負債自然就成了劣債。用年利率 3% 的貸款購買年利率 6% 的資產，償還利息後還能夠剩餘 3% 的收益，假設公司生產的產品能夠獲得 30% 的利潤，增設工廠能夠賺取更多盈利，而用於增加生產線的貸款利息是 5%，那麼生產線上的剩餘利潤則可以達到 25%，這就是良債。如果遇到劣債，就要學會及時止損。

　　2009 年，我先生從美國研究所畢業回香港時，背負著上百萬元的學生貸款，這個貸款是由 5 個貸款組合起來的。其中一個貸款是 3.1 萬美元（約台幣 100 萬元），還款年期 20 年，每個月還款近 9,000 元。還款 1 年之後，他發覺有點不太對勁，因為付了 10.8 萬元現金，但債務的本金只是減少了幾千元。後來他模擬了貸款的還款現金流量表，得出來的結果我真的不敢相信。

　　他只借了 3.1 萬美元，但 20 年後本金加利息要付出近 6.1 萬美元（約台幣 196 萬元），比本金多出近 1 倍。每次還款的 9,000 元，超過 60% 都是在還利息。

　　面對這個情況他做了兩件事，就省下了 70 多萬元：

1. **高利息貸款換成低利息貸款**：他向第三方借了新貸款 100 萬元，把原本的 100 萬元還清，付出約 3% 的利息，還款年期從 20 年改為 15 年，每個月還款金額變成 7,200 元，節省了每月 1,800 元，1 年 21,600 元的現金。個人貸款不像房產可以在未來增值後變賣來還清債務，所以建議早點償還。

2. **加快把貸款的本金還清**：他用了 3 年的時間，不定時向

貸款人償還本金。

透過這樣的操作，3 年後他還了 126 萬元本金加利息，給了 20.25 萬元利息，省了大概 70 多萬元。省錢在於細節，省錢可創造價值，不管是私人貸款還是房貸，都有可操作的具體方法。

會把自己錢包裡的錢掏走的債務是壞債，替自己帶來金錢的債務是好債；自己無法掌控的負債是劣債，在自己控制範圍內運轉的負債是良債。當你賺錢的能力遇到危機時，如何用錢、如何消費、如何整理債務，會是你的救命稻草。

小練習

你現在有多少債務？可以重溫一下第 1 章的資產負債表，試著梳理你的債務結構，看是否能優化負債，釋放出更多現金。

小富靠努力 大富靠週期

投資者與投機者最實際的區別在於他們對股市運作的態度：投機者的興趣主要在參與市場波動並從中謀取利潤；投資者的興趣主要在以適當的價格取得和持有適當的股票。

—— 班傑明・葛拉漢

閱讀本節之前，請先思考以下 3 個問題

1. 投資中有哪些常見的錯誤？
2. 為什麼說小富靠努力，大富靠週期？
3. 如何綜合利用各種資訊選產業和資產？

在我的上一本書《財富自由從 0 到 1》中我講過投資和投機的差別，投資就是以低於價值的價格買入，投機則是在預測趨勢。這一節我會講一些具體的方法。

圖表 2-2　投資與投機比較

 VS

投資	投機
持續性：細水長流	戲劇性：一夜暴富
趨勢：客觀規律支撐	風口：從眾入場
做足準備進場	聽到風聲進場
不需擇時	必須擇時
長期持有	頻繁交易
主要用自有資金	借貸＋高槓桿
追求穩健的收益	追求風險、高收益
買入那一刻就有收益	賣出去才有收益
有現金流入	沒有現金流入
期待收益：X%	期待收益：X 倍

總是害你賠錢的投資 4 錯誤

在 30 ～ 40 歲之間的你，有沒有在投資裡犯過以下這 4 個錯誤？

1. 風險分散不足

買熟悉的股票是十分常見的股票交易錯誤，比如上海人偏愛上海公司的股票，各國的投資人傾向投資本國市場，

公司員工購買自己公司的股票。

　　有個全球知名的例子，安隆（Enron）曾經是美國最大的天然氣採購商，他們的員工持有大量自家公司股票，認為這是回報最高也是最安全的投資，但是這個龐大的跨國公司突然破產了，股票從每股 90 美元跌到每股不到 1 美元。幾萬個員工本來投資公司股票想作為日後退休金的計畫全部泡湯，損失高達數十億美元，他們不但失去了工作，連預期的退休收入也沒有了，十分淒慘。

2. 頻繁交易

　　這也是投資中常見的錯誤，因為「淨收益＝總收益－交易成本」，換手率越高，你的淨收益越低。散戶虧損的主要原因是交易太頻繁，很多人反覆買進賣出，來回操作不如不動。

3. 追漲殺跌

　　投資應該向前看，不能往回看，過去的漲跌和現在關係不大。追漲殺跌的行為錯在「往回看」，你以為歷史會重演，漲的還會再漲，跌的還會再跌，但這沒有理論依據，正確的做法是不要受過去資訊的影響，否則很容易虧錢。

價格漲了一波後，一定會適當地回檔到關鍵的位置，

這個時候我們再入場。

圖表 2-3　散戶追漲殺跌的心態變化

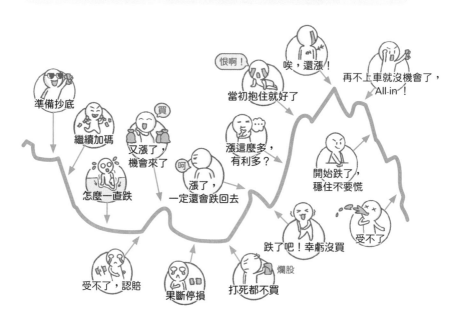

4. 追熱潮 陷入羊群效應

金融市場上最需要注意的是「羊群效應」，就是投資

人放棄自己的判斷追隨大眾的現象。不僅是散戶，經理人

也會出現這種錯誤，比如基金經理人互相打聽持倉狀況。

股市經常發生炒作股票的情況，比如概念股的炒作。一般來說，股票價格大於 50 元，「領頭羊」是持股張數超過 400 張的超級大戶，「羊群」指持股張數 50 ～ 400 張的中實戶和持股張數 50 張以下的散戶。領頭羊會直接入場拉抬股價，羊群跟進領頭羊炒作後會很快賣出，羊群稍慢一拍，就被套住了。

市場上很容易形成羊群效應，上市公司分析師、媒體等都扮演了一定的角色來誘導投資人成為羊群。

投資人之所以被市場熱潮吸引變成羊群，是因為投資人看到很多抓住市場機會的人發家致富，覺得自己也有這樣的運氣，但其實他們只看到了極端收益，忽視了發生這種極端情況的機率很小，所以一定要警惕，不要成為羊群效應的犧牲者。

我在《漫步華爾街》一書裡看到一個生動的比喻：「有些人買一件價值 50 美元的廚房用具時，會對買與不買的利弊考量幾個小時，但他們會根據網上聊天室裡所謂的投資建議，拿上萬美元去冒險。」

培養 6 個賺到財富的正確思維

一般人改變結果，優秀的人改變原因，成功者改變思維。投資永遠是要買未來的可能性，投資思維不能停留在對當下形勢的評估。那什麼是正確的財商思維呢？如果以武俠的概念表述，就是「以道斷勢，由勢優術，掌握六脈神劍」。

如果把投資比作汪洋大海裡的一場航行，「道」就是幫你選擇一個好的天氣，「勢」則是幫你選擇一條正確的航線，「術」就是幫你選擇一條好的船。此外，再依「道」、「勢」、「術」3 者延伸出 6 個做法，我稱為「六脈神劍」。

我們「金融俠侶」行走金融江湖靠的是「六脈神劍」，有了這「六脈神劍」的心法，你就更容易掌握投資門道。

・明道：有格局，先布局。
・取勢：懂週期，抓趨勢。
・優術：選產業，挑資產。

圖表 2-4 「六脈神劍」心法

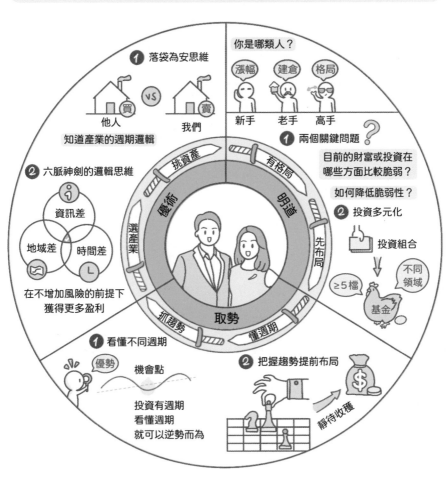

1. 明道:從大格局著手 多元化投資

新手談漲幅,老手談建倉,高手談格局。要判斷你是

哪一類人，首先要問自己這兩個關鍵的問題：⑴我目前的理財狀況在哪些方面比較脆弱？⑵應如何補強？

如果你把所有的錢都放在一家銀行、一家券商，或只持有一種貨幣、一檔基金，你無異於在玩一把上了膛的槍。幸運時，你可能在短期內賺得盆滿缽滿，但也很可能面臨著滅頂之災。

頂級投資家說過，不要把所有的錢投入單一產業或單一國家，明智的做法是投資多元化，一般投資人應該至少持有 5 檔基金，投資到金融市場的不同領域。未來是不確定的，投資人應該建立能夠承受各種風險的投資組合。

2. 取勢：看懂週期 提前布局

「善戰者，求之於勢，不責於人。」意思是善於帶兵打仗的人，都會綜觀全局、尋求有利的形勢，而不是苛責下屬。悲觀者找理由，成功者看週期，這個階段順勢而為，看懂週期，重倉未來有機會的發展方向和產業。

當經濟形勢非常好的時候，所有人都對未來充滿了信心，這時候，人們拚命購入資產、債券、股票、房地產，每個人都覺得自己賺到了錢，而且大家都樂觀地相信，這

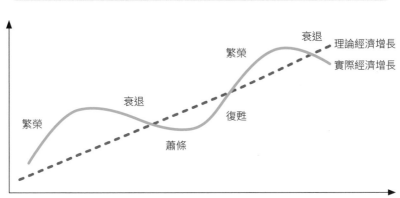

圖表 2-5　經濟的週期性循環

資料來源：作者整理、紅塔證券。

些資產的價格只會越來越高，看不到泡沫的存在。

終於有一天，泡沫破裂，資產價格開始下跌，大家開始恐慌拋售，進一步導致價格下跌。於是，人們越來越「悲觀」，繼續拋售，然後繼續下跌，最終崩盤。

這就是投資週期。投資週期是由情緒的樂悲交替，導致投資的漲跌輪回。沒有泡沫就沒有破滅，沒有繁榮就沒有蕭條，沒有永遠的高峰，也沒有永遠的低谷，一切都有週期。看懂週期，就可以逆勢而為，別人以為你是逆勢而為，其實是提前布局。

善於把握趨勢，提前布局，靜待收穫，而不是跟風追漲，要在高度的不確定性中追求確定性。未來，我們想繼續把確定性傳遞給更多的人。

3. 優術：挑對產業、選對資產

　　我們統計了 2013 ～ 2022 年，前 100 大富豪最多的 5 大產業（見圖表 2-6）。這些產業，你熟悉幾個？有信心投資哪些產業的哪些資產呢？

圖表 2-6　TOP 100 新晉富豪最多的 5 大產業

	2013	2014	2015	2016	2017	2018	2019	2020	2021	2022
TOP 1	房地產	房地產	投資	房地產	房地產	房地產	房地產	電子商務	房地產	遊戲
TOP 2	投資	投資	房地產	投資	投資	投資	設備製造	金融科技①	金融服務	半導體
TOP 3	軟體	醫藥	醫藥	IT	電子商務	鋰電池	教育	房地產	投資	太陽能逆變器
TOP 4	醫藥	化工	無線通訊	醫藥	網路金融③	智慧裝置③	煤炭③	網路遊戲	半導體	房地產
TOP 5	鋼材	汽車零組件	汽車零組件	家禽養殖④	教育	晶片③	投資	醫療器材④	化工	鋰電池

資料來源：胡潤研究院。資料截止時間：2022/11/08。備註：圓圈內數字代表並列。

2020 年，當時無論是香港地區還是中國的大城市，房價都是比較高的。但是 2020 年 10 月，我們在別人都衝進房市買房的時候，賣掉了香港和廣州各一間房，當時有很多人不理解，現在他們都要膜拜我們了。

這其實就是落袋為安的思維。我們拿著賣房的現金想再尋找好的投資機會，當時深圳的房價漲得很快，所以我們在 2020 年 10 月到 12 月密集地在深圳看了很多房子，最後我們還是比較偏向曾經買過的建案，那是一個熱銷的建案，很多房地產達人、意見領袖都推薦過。

當時大家都在搶房，所有房地產仲介和買房、賣房的人都認為深圳房價會繼續漲。我們看房的兩個月裡，房價確實又漲了不少，仲介也替我們著急，說不趕快買就要漲得更高了。

我們兩個最終經過詳細分析，還是決定不買，背後原因就是這「六脈神劍」的思維邏輯。

因為我們在香港生活，我們分析過香港房價的週期。當一個地區房價已經處於高位的時候，上漲的潛力有限，這時候買入很可能在高位接盤，哪怕當時所有的專家、所

有的仲介都認為深圳房價會繼續漲，但我們覺得這個估值不合理，於是仍決定不買。

我們要去尋找其他價格更合理、週期還沒有到高位的地方買，所以最終我們用那筆錢去做了其他的投資，成功地靠理性的分析和週期的思維避過了這個坑。

大家記住，要買「上漲潛力無限、下跌空間有限」的資產，要在一個週期剛剛開始的時候買，而不要在已經出現繁榮景象的時候買。我們要在不增加風險的前提下，獲得更多盈利的可能，這才是學習投資的目的。

小練習

請對照本節，復盤你買賣過的資產和最近的交易，它們是投資還是投機？按照「六脈神劍」的心法，你會如何調整現有的投資組合呢？

應對黑天鵝與灰犀牛的家庭理財策略

如果我們生活中唯一的成功是透過買賣股票來發財,那就是失敗的生活。成功的投資,只是我們小心謀劃、專注行事的生活方式副產品。

—— 美國企業家 查理・蒙格 (Charlie Munger)

閱讀本節之前,請先思考以下 3 個問題

1. 為什麼說要存錢,更要愛生活?
2. 如何合理配置家庭理財資產?
3. 如何合理應對理財中的突發事件?

在自序中我假設過人的壽命為 80 年,但 0 ～ 20 歲和 60 ～ 80 歲的階段,你基本是沒有任何主動收入的,所以只剩下一半的人生(約 40 年)能創造財富。

假如你 35 歲,已經失去 15 年創造財富的時間,還覺得賺錢的時間多嗎?

在短短的 25 年間，你還要考慮以下 4 個問題：

- 假如我不能一直工作到 60 歲怎麼辦？
- 假如我 60 歲之前就不在人世了怎麼辦？
- 假如我很長壽，需要多少錢才夠養老？
- 如果我有孩子，如何確保他們有足夠的教育和生活支出？

以上問題非常重要，你要先知道自己的處境，知道未來的風險在哪裡，才好去行動。

圖表 2-7　所有財務恐懼都源自這 4 個問題

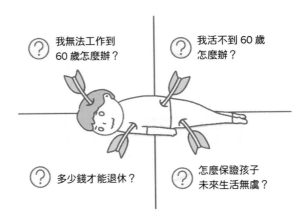

要存錢 更要愛生活

請大家先看一個真實的案例。一個在香港生活的瑞士男人弗洛里安，在瑞士銀行工作，收入很高，是全家唯一的經濟支柱。突然間他確診了直腸癌，癌細胞已經擴散了，需要儘快動手術。

弗洛里安的公司有替他保醫療保險，而且是最高級別的，但是保額仍不夠支應醫療費用。8 成的醫療費需要自掏腰包，要自付 900 萬元，他的積蓄遠遠不夠支付抗癌的巨額費用，因此全家幾乎被壓垮了。

為了省錢，他也考慮過去公立醫院，然而公立醫院要等很久，他的太太擔心他病情惡化，所以只能選私立醫院。這個曾經無比幸福的五口之家一瞬間陷入崩潰，無奈之下只好到網上群眾募資。

我在看這個報導的時候，代入感是非常強的，所以我直接就翻到最後募款的帳戶準備捐款，卻發現這是兩年前的新聞。募款早已結束，他們承受不了香港的醫療費用，全家搬回了瑞士。

我想到了曾經的自己，以及我身邊無數看上去光鮮亮

麗的中高資產階級，我們和這個家庭一樣，就像精美的玻璃，無比脆弱，一塊從天而降的石頭就可以將它砸得粉碎。

之後很多天我都在想著這個家庭，覺得身邊大部分人都有他們的影子。這些年出現不少因炒股、買基金鬧出家庭危機的案例。

要存錢，更要愛生活。追求財富，是為了自己和家人更好地生活，千萬不要本末倒置，為了求財而毀掉幸福的人生，如果你年輕力壯，收入又不錯，發生意外還可能東山再起；如果你收入不高，家庭負擔很大，一次的投資錯誤可能抱憾終生。總而言之，一定要有資產配置的能力，左手保障，右手投資，兩手都要抓。

先做足保障再追求高收益

接下來，要講解家庭理財資產配置了。我會從家庭的防火牆和安全網──流動性資產與安全性資產開始。

流動性資產，是指銀行存款與貨幣基金；安全性資產，是指保險和退休。這兩類資產一定要最先配置，但大多數人都是反其道而行，先去投資高風險的，缺少現金類和保

障類的資產。

我們夫妻從準備結婚開始，就逐漸把家庭的資產進行全面的重組，現在投資組合已經能滿足短期、中期和長期對現金流、穩定回報和風險管理的需要。

目前的投資組合裡，我們的高風險資產不超過 20%，其他的資金都放在流動性資產和安全性資產，還有之後會講到的固定收益資產上，而那些風險比較高的股權和另類投資（不包括房地產），我們已經在有獲利時把大部分都出售了。

為什麼流動性資產和安全性資產這麼重要呢？因為生活中要應對的除了「黑天鵝」，也不能忽視「灰犀牛」。

「黑天鵝」是機率小、難預測的突發風險。例如天災、突發疾病，發生的可能性不大，大家普遍知道要靠保險來轉移風險。就像前文中的弗洛里安，我想他們全家都沒有想到，這麼健康的人會突然得了癌症。

「灰犀牛」是高機率、可預測、波及範圍大的風險。大家都知道孩子的教育和自己的養老都屬於一筆巨大而且必定會發生的支出，但因為有點遙遠，所以總覺得是重要

但不緊急的事，一直到事情迫在眉睫才大驚失色：一隻巨大的「灰犀牛」向我衝來！

應對「黑天鵝」的武器：保險

市面上各種保險讓人眼花撩亂，我簡單地分幾類為大家講清楚：壽險、重大疾病險、醫療險、意外險。

1. 壽險：離世了才能賠

適合死亡會為家庭帶來重大經濟打擊的人。比如我一位同行突然去世，妻子薪水太低，負擔不起一個家的開銷，從此兩個孩子從私立貴族學校轉到了社區小學。所以，有以下情況的朋友要注意配置：自己是家庭經濟支柱；有房貸等高額負債借款；有伴侶、長輩或小孩要養。

2. 重大疾病險：重病確診就能賠

重大疾病險是保障的第一道防線，是人人都應該有的標配。重大疾病保障的範圍是符合定義的嚴重疾病，比如癌症、急性心肌梗塞、腦中風後障礙等，作用是防範重大疾病帶來的收入損失、提供治療補償，同時彌補醫療保險的不足，成年人的保額應該以年收入的 3 ～ 5 倍作為參考標準。重大疾病的保費是和年齡呈正相關，一定要在年輕

健康時儘早投保。

3. 醫療險：實支實付、日額給付

　　醫療險依理賠方式可概分成兩種類型：實支實付與日額給付。

　　「實支實付」會依實際醫療費用賠付，能補足健保未涵蓋或不足的醫療費用，如自費藥品、特殊檢查、進階病房等；「日額給付」是針對特定情況，如住院、手術、重大疾病等，能彌補收入損失或非醫療相關費用，如康復期間的生活開銷。

　　除了選擇合適的產品及公司，更要透過專業的管道購買，因為專業的服務和及時理賠才是這份保障的核心。

4. 意外險：意外受傷才能賠

　　意外險理賠定義須符合「外來、非疾病因素、突發性」導致意外事故的 3 個條件，常見的投保項目為：意外身故、意外失能、意外醫療、重大燒燙傷、骨折等。

　　另外，根據保障期間可分為：(1)「定期意外險」，期間大多以 1 年期、10 年期等為主，時間到了保障就中止，但可再續約；(2)「終身意外險」，於約定期間繳費，獲得

終身保障。讀者可根據自己的需求購買，在遭遇意外時多一份保障。

應對「灰犀牛」的武器：退休金和教育金

為什麼退休金和教育金如此重要呢？賺錢只有青壯年這一段時間，但是花錢卻貫穿一生，所以一定要做好財務規劃。

我們可以用什麼來養老？

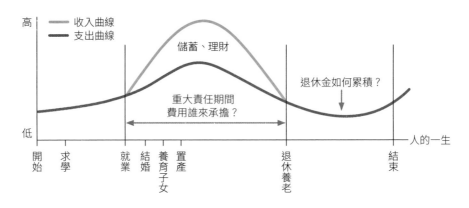

圖表 2-8　人生生命週期

1. 儲蓄險、年金險

儲蓄險、年金險風險低，收益有保證，但收益率可能追不上通膨（目前預定利率普遍低於 3%）。如果已經配置

了國內儲蓄險、年金險，可以考慮外幣型儲蓄險、年金險，能更有效地對抗通膨。

另外，大家要小心銷售的話術，很多保險業務會宣稱商品的回報率高、手續費低等，建議大家還是要仔細閱讀保單條款，尤其是收益保證與退保損失的部分，不要只依賴業務員的說詞，需對關鍵數據如內部報酬率、費用扣款、給付方式等進行詳細確認。

2. 外幣型儲蓄險

在此我們以美元為例，美元儲蓄可以透過複利來利滾利增值，收益率能夠抗通膨。無論退休金還是子女教育金，最好提前 10 ～ 15 年做好現金流規劃，退休金可以更早開始。需要注意的是：

· 這是中長期利滾利儲蓄，時間越長增值效應越大，做好短期內不提取的準備。

· 投資金額不要超過家庭年現金流的 20%。

· 做好提取時間和金額計畫，根據未來需要多少現金請顧問協助倒推所需投資總額，計算今天要投入多少保費。

圖表 2-9　如何應對「黑天鵝」與「灰犀牛」

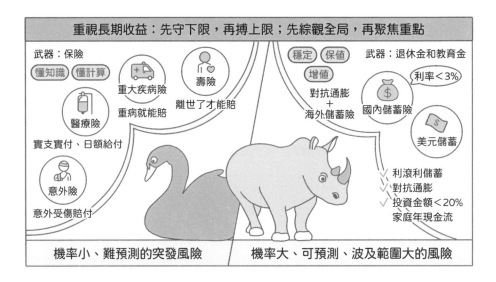

3. 拒絕短視 重視長期收益

有人說，保險產品的收益率太低了，我投資股市每年至少能賺 10%，甚至更多，但是，你能保證每年都賺這麼多嗎？你能保證一直不用錢嗎？

不要小看時間和複利對收益的影響。在這裡建議每個人都要學會看內部報酬率（IRR），IRR 是衡量保單回報的重要指標，用來表示你投入的保費每年能帶來的平均收益

率，IRR 越高，表示保單的回報效率越好。

通常在保單初期，由於業務抽成和管理費用較高，IRR 可能較低，甚至為負，但隨著時間推移，保單收益逐漸累積，IRR 會逐漸提升。特別是在長期持有到期後，IRR 更能反映這份保單的回報能力。

在看保單 IRR 時，你可以將其與其他同類型保單比較（依規定保險公司須揭露），判斷是否符合你的財務目標，同時，需注意短期解約可能導致虧損，只有長期持有才能讓保單的 IRR 達到預期。

很多銷售捧得天花亂墜的產品，一旦計算內部報酬率卻低得可憐，所以不要看表面的宣傳，學會一些金融基本知識可以幫你避過很多坑。

教育金和退休金是「必定會發生而且金額很大」的未來支出，所以長期穩定、保值增值是重點，千萬不要犯下常見錯誤，去關注短期收益率、投資波動大的產品，最終本末倒置。

當然，理財最重要的是選一位專業負責的財務顧問，看他背後有沒有堅實可靠的團隊、是不是從你實際家庭狀

況出發給予建議和解決方案。絕不要讓僥倖心理掩蓋自己對人生應負的責任和應有的危機感。

小練習

計算你家裡買過或打算買的儲蓄險、年金險，看內部報酬率有多高？

用最划算的錢
買最齊全的保障

選擇押寶自己對未來預測正確，或者選擇保護自己免於因預測錯誤受損。
建議你選後者。

—— 班傑明・葛拉漢

閱讀本節之前，請先思考以下 3 個問題

1. 為什麼要合理地配置全保？
2.「4 保」具體指哪些保險？
3. 怎樣合理購買「4 保」？

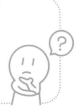

　　如果你在 30 多歲的時候有一個穩定工作，還能夠想到
替自己買一份保險是一件很好的事，為什麼呢？因為保險
的本質就是為風險提前買單，當自己和家庭出現不可控的
風險時，保險這道屏障，可以有效保障我們的生活品質。

　　上一節講述了保險的分類，本節將為大家詳細介紹如

何挑選合適的險種、配置全保。

挑選合適險種 合理配足保障

現在關於保險的資訊很多，有時候看得越多，變得越困惑。因為大部分資訊都是由保險業務員或保險公司提供的，某種程度上會有點偏同質化，而且很多保險資訊是碎片化的，使大家有一種頭痛醫頭、腳痛醫腳的心理。如果沒有完整的介紹、規劃，你就可能會像我們的一位朋友一樣，被健康保障的缺口打得措手不及。

這位朋友住在南京，每天工作早出晚歸，為的是多賺點錢，希望給家人一個美好的生活環境。他很擔心高壓的工作會傷害身體，所以非常注重鍛鍊，總是在社群媒體上發布去健身的照片，他還說「與其把錢交給保險公司，不如交給健身房」。

可是天有不測風雲，他剛買房 2 個月，就檢查出了癌症。雖然是早期，但腫瘤長的位置不好，他用了不少自費藥物，前後花了將近 900 萬元，剛到手的房子也要賣掉了。

這位朋友沒有配置保險，總覺得自己還年輕又注重健

康，再加上有社會保險，所以一直拖延，就是這種僥倖心理，讓他把辛苦奮鬥多年的財富都送給了醫院。我希望每位讀者都意識到，單靠社會保險，對一個人的終身保障是不完善的，每個人面對的風險，不僅來自疾病，也來自意外、突然身故。

全面防範各種風險，我們要學懂「全保概念」，更要深入了解如何挑選合適的保障。市面上的保險產品很多，但歸根結底就是「4 保 1 儲」。

圖表 2-10 全保示意圖

　　「4 保」指的是：重大疾病險、醫療險、壽險、意外險；「1 儲」指的是儲蓄類保險。儲蓄可以排在保障的後面，下文我會詳細對「4 保」進行講解。

　　人生很長，如果你沒有把上述「4 保 1 儲」安排好，就等於你缺少一件盔甲的保護，會暴露你最致命的弱點。

用「4 保」做你人生的盔甲

1. 重大疾病險

　　重大疾病險的核心理念就是「收入補充」和「轉移風險」。假如得到重大疾病，不能上班，但還有車貸、有房貸，或上有父母下有孩子要撫養，你銀行的存款維持不了多久，這個時候重大疾病險就發揮作用了。

　　保險公司給你的理賠可以用作收入的補充。原本需要你自己掏錢治病，現在連每個月的房貸，都是由保險公司幫你買單，風險轉移了。

　　想用最少的錢去配置重大疾病險就要記住以下 2 點：

- 理賠保額一定要能抗通膨：選擇能抗通膨的產品。

‧ 越早買重大疾病險，越能省錢。

很多人都認為保險業務員要你趁早買重大疾病險是一種銷售套路，其實這是一個誤解，因為年紀越大身體出問題的機率也越大，最後可能是保險公司選你，而不是你選它。我們遇到過很多 40、50 歲的人因為健康問題而無法通過核保的案例，非常遺憾。

而且重大疾病險的保費直接和年齡掛鉤。一般而言，你每長 1 歲，保費會增加 3% ～ 5%，年紀越大增幅也可能越高，所以越年輕的人買重大疾病險，省的錢就越多。

假設你 30 歲，本來要配置 100 萬元的重大疾病險，30 年繳費期，年費約 3 萬元。但是你猶豫了 1 年才行動，保費就增長 5% 到 3.15 萬元，未來 30 年會多交 4.5 萬元。

2. 醫療險

醫療險的核心功能是「醫療費用補償」和「減輕經濟壓力」。假如因疾病或意外住院，醫療費用超出健保支付範圍，你可能需要自費藥品、特殊檢查或升等病房等費用，這時醫療險就能幫助你減輕負擔，避免因擔心醫療費用而

影響就醫品質。

　　醫療險包含兩種理賠類型，實支實付型是按實際醫療費用報銷，例如住院費、自費藥品、檢查費等，理賠金額以保單上限為準。當遇到需支付高額醫療費用（如癌症的標靶藥、免疫療法等）時，實支實付型醫療險能減輕醫療費用的負擔。

　　日額給付型是針對特定疾病或醫療情況（如住院、手術）給付固定金額，不受實際醫療費用影響。當保戶患病住院無法工作，需要補充生活費、收入損失或非醫療相關支出，如護理費用、家務支援等，能提供保戶較靈活的資金運用。

　　讀者也可以兩者搭配，以日額給付型醫療險填補薪資損失、支付住院每日看護費用，再搭配實支實付型醫療險擁有更好的醫療品質，享有完整基礎醫療保障。

3. 壽險

　　一般人傳統的觀念會認為購買人壽保險不是很吉利的事情，所以多少有點抗拒，但其實人壽保險可以解決 3 個主要潛在風險：

- 因為家庭經濟支柱早逝，家庭失去經濟來源（基礎風險，被保險人過世後，受益人獲得保險金，用於彌補家庭的經濟損失）。

- 因自身長壽，退休金不夠（中級風險，某些壽險附帶儲蓄功能，保單在特定年齡允許提取現金價值，提供補充退休金的來源）。

- 家庭財富傳承時不合自己心意（高級風險，透過指定受益人，將保險金作為遺產的一部分分配）。

　　大家可以對照自己目前的家庭狀況，看存在什麼級別風險，是否需要防患未然。

　　如果有壽險需求，該如何選擇呢？人壽保險依保障期間可以分為「定期壽險」和「終身壽險」，以下分述兩者特性。

【定期壽險】

- 一年一約，目的是用小錢在短期獲得最大保障，但這是消費型保險，當保單失效（無法續保或解約）後，保障即消失且已繳的保費無法退還。

- 適合家庭經濟支柱或暫時有貸款的人。

- 依各家保險公司的產品設計而定，通常最長可保障至 80
  歲或 95 歲。

- 一般保額會定在年收入的 5～10 倍。

【終身壽險】

- 適合中年以上客戶或高資產客戶。

- 可保障終身。

- 有現金價值和利息分紅收益，可在未來提取作為退休金。

- 可以指定受益人，實現對家庭財富的精準傳承。

　　購買定期壽險沒有太多訣竅，與保險人溝通好，去選個好的保險公司，保費低而保額最大化就可以。至於每個人在不同階段適合哪類壽險，則需要衡量投保人當前的經濟情況。

　　我們曾經有一位男客戶 30 歲，年收入約 300 萬元，有兩間房在還貸款，每月貸款支出約 11 萬元，貸款需要還 30 年，已婚並有一個 3 歲的孩子，他是家庭的主要經濟支柱，家庭每月的現金流支出較為緊張。當時我們就設計了

一個 1,500 萬元的定期壽險，續保 30 年到 60 歲，每年保費約 19,000 元。

雖然終身壽險在未來可獲得更多收益，但保費並不便宜，以 30 歲男性為例，投保保額 1,500 萬元的終身壽險，年繳保費會約在 20 萬～ 30 萬元之間（因保險公司的產品設計、健康狀況等因素而有所不同），不適合這位財務吃緊的客戶。日後堄金流若有所改善，就可以選擇終身壽險，把定期壽險解約，畢竟終身壽險的理賠或提取現金都是基本保額再加複利的分紅，時間越長，保單的現金價值也會呈曲線增長。

4. 意外險

意外是什麼？在意外險中，意外的含意為：外來的、非本意的、突發的、非疾病的。常見的意外險保障項目包括意外身故、意外失能，以及意外醫療。

意外身故指意外是引起身故的直接原因，被保險人一般在意外發生之後 180 天內去世。另外要留意，如果是未滿 15 歲的兒童，為避免道德風險，其「喪葬費用」保險金（身故保險金）最高上限為 69 萬元。

意外失能指的是不可康復的永久性傷殘或重大失能。這部分保險的被保險人如果是成年人，一般選擇其年收入的 5～10 倍為保額。

意外醫療是對因意外引起的門診、住院等醫療開支進行實報實銷或日額給付。這項保險是賠付率最高的保險，建議大家一定要加上。

購買意外險要注意以下 3 個重點：

①是否包含自費醫療保障？

許多意外險的醫療給付範圍僅涵蓋健保用藥和項目，但意外治療中常需使用自費藥物或器材（如骨釘、人工關節等），投保前可以先確認保單是否涵蓋自費醫療費用，或選擇附加條款增加此項保障，避免自行負擔昂貴的自費開銷。

②交通意外致傷殘、身故是否可以加倍賠償？

多數意外險針對交通意外，尤其是乘坐合法交通工具（如公車、捷運、火車、計程車等）時造成傷殘或身故有提供額外賠償，但細節有所不同，建議可以檢視保單條款，加強保障。

③意外險包含猝死嗎？

　　意外險一般不包含猝死，因為猝死通常是指因心血管疾病（如心肌梗塞）或其他內在健康問題引起的突發死亡，屬於疾病性死亡，通常不在意外險的理賠範圍內。除非能舉證被保險人並無心血管疾病病史，或致死的主因並非疾病，而是因「意外」造成。

小練習

　　根據本節介紹的保險種類，來全面整合並了解你的家庭保險配置情況。

為收支健檢
維持財務健康

先事而綢繆，後事而補救，雖不能消弭，亦必有所挽回。

—— 清代學者 紀昀

閱讀本節之前，請先思考以下 3 個問題

1. 怎樣減少開支，維持財務穩定？
2. 維持財務穩定的 3 個指標是什麼？
3. 怎樣才能有效利用這 3 個指標？

　　不知道你是否聽過「帕金森定律」？我們在首本暢銷書《財富自由從 0 到 1》中提到過大部分人很難累積財富，是因為沒注意到收入增加的同時，花費也會成正比地增加，這種情況在 25 ～ 35 歲較為明顯。

　　30 ～ 40 歲的人，隨著工作和社會經驗的累積，事業

和收入都處於高速成長期。收入提高也意味著消費能力大增，對生活水準的追求也越來越高，比如女性會更常購買衣飾及化妝品來裝扮自己；男性也會買名錶、音響、汽車等展示自己的財富實力。

如果你已成家，家裡只有兩個人，就會出現很多「浪漫開銷」，比如經常旅遊、去高級餐廳用餐等，因此，這個家庭在基礎的支出外，會不可避免地出現不必要的開支。

當家庭成員增加後，家庭的開支更出現多元化的發展趨勢。比如，孩子的各種教育費用，貸款換房或者買學區房等，這時的家庭收入趕不上支出、財務負擔突然升級，就會令人感覺喘不過氣。從單身到有了家庭，支出快速上漲是難以避免的，但大部分人都是後知後覺，到了財務緊張時才意識到理財很重要，想認真管理財富卻不知道從何下手。

本節將向大家詳細介紹如何調整你的財務報表，更有效地維持財務穩定狀態。

別等錢不夠用才開始理財

25 ～ 35 歲這個年齡階段的人，有什麼技巧可以減緩

逐漸增加的開支、維持財務穩定呢？清代著名教育家朱柏廬在《朱子家訓》中有一句話：「宜未雨而綢繆，毋臨渴而掘井。」同理，財務管理也是越早開始越好，而且遲做總比不做好。

還記得我們在這本書的第 1 章教你建立的 3 張財務報表嗎？如果忘記了，請馬上翻回去複習。我們在眾多的財務指標中，精挑了 3 個一般人必須看懂並能夠利用的指標：債務支出比率、負債比率、黃金儲蓄比率。只要利用好這 3 個指標，不管你處在哪個年齡階段，你的財務情況幾乎都能保持健康水準。以下我將透過真實案例來說明。

兩年前，一位 34 歲的未婚男客戶李先生聘請劍銓成為他的財富管理顧問。李先生做外貿生意，賺了錢就在中國和泰國買了房子，年收入近 300 萬元，總資產大約 2,295 萬元。

李先生的收入算是不錯的，但不知道為何總是感到錢不夠花。另外，他喜歡投資股票，期待總體回報達到 6%就可以，但不知道如何利用資產提升回報率，產生更多被動收入來養老。圖表 2-11 是李先生當時的收支表和資產負債表供大家參考。

圖表 2-11　李先生收支表和資產負債表

收入支出表

收入項目		金額（元）
正常收入	薪資（稅後）	2,700,000
其他收入	股票股息	35,100
	副業收入	216,000
總收入		**2,951,100**
支出項目		金額（元）
生活費用	瓦斯費	19,440
	水費、電費	33,102
	日常家庭消費（伙食、孝親、家庭用品）	243,000
	通訊費用（手機、市話、網路）	43,200
居住費用	大樓管理費、土地稅	139,500
交通費用	公車、捷運、飛機票	36,000
休閒娛樂費用	餐飲＋購物	108,000
	娛樂（電影、旅行等）	103,500
保險費用	醫療險（年繳）	90,000
	汽車險＋房屋火險	40,500
貸款費用	房貸（國外）	702,000
	房貸（國內）	162,000
	個人貸款（私人）	108,000
	個人貸款（銀行）	432,000
	個人貸款（信用卡）	432,000
	汽車貸款	193,500
總支出		**2,885,742**
淨收入（總收入－總支出）		**65,358**

資產負債表（年度）

資產		金額（元）
流動資產	銀行現金	862,623
	定存	—
	股票	1,170,000
	基金（股票、債券、混合）	—
	債券（1 年內贖回）	—
	其他流動資產（1 年內贖回）	—
流動資產總計		**2,032,623**
非流動資產	汽車	—
	國內房地產市值	3,600,000
	國外房地產市值	17,100,000
	退休金	450,000
非流動資產總計		**21,150,000**
總資產（流動＋非流動）		**23,182,623**
負債		金額（元）
短期負債（1 年內）	個人貸款（私人）	1,350,000
	個人貸款（銀行）	1,260,000
	個人貸款（信用卡）	900,000
	其他短期負債（汽車）	900,000
短期負債總計		**4,410,000**
長期負債（1 年以上）	個人貸款（銀行 5 年期）	—
	個人貸款（信用卡）	—
	個人貸款（私人）	—
	房貸（國外）	12,375,000
	房貸（國內）	1,800,000
長期負債總計		**14,175,000**
總負債（短期＋長期）		**18,585,000**
淨資產（總資產－總負債）		**4,597,623**

用 3 指標健檢 保持財務健康

為了了解這位客戶的情況，我們從債務支出比率、負債比率、黃金儲蓄比率入手，看看問題在哪裡。

1. 債務支出比率：教你識別節流關鍵

> 債務支出比率＝債務支出 ÷ 總支出

一般健康的財務狀況，當年度債務支出（貸款費用）最好不超過總支出的 50%，從圖表 2-11 的數據中可以看出，李先生的債務支出占總支出的比例超過 70%，不是特別理想，因為債務支出太高了，導致現金流緊張。

2. 負債比率：教你控制貸款槓桿

> 負債比率＝總負債 ÷ 總資產

從資產負債表中可以看出，李先生的總負債比率為80%，房貸占總負債的 76%。房貸是需要長期還款的，難怪固定財務支出那麼高。

剩下 441 萬元債務都是非房貸債務並屬於短期債務，劍銓向李先生提出兩個方法儘快處理：⑴用中長期的銀行

貸款還掉短期借款,優化債務結構;⑵不停地用低利息資金替換掉高利息資金,降低融資成本。

透過這樣的操作,李先生的長期債務雖然會上升,但每年的債務和利息支出大幅降低,可以把省出來的錢再投資,創造更多現金流。每次在投資上獲利後,拿部分盈利償還部分長期貸款,形成資產不斷增長而負債不斷下降的良性循環。

除了李先生的案例,2020 年中也有一位 45 歲的女學員,她是做實體業務的,防疫期間她的生意一落千丈,為了讓業務繼續營運,她在銀行貸款了 900 萬元,每個月要還 9 萬多元,加上其他生活和生意的開支,壓力非常大。

在指導她的過程中,我們幫她設計了財務重組的計畫,透過金融操作從她一間價值 2,250 萬元的房子,套出 1,125 萬元的 20 年貸款,然後把銀行貸款的 900 萬元還清,這樣每個月能省下 4 萬多元的現金,另外的 225 萬元可以用作營運資金。

到了 2022 年,這位學員已經走出了困境,每個月都有正現金流。她 2022 年參加了我們的高端客戶私董會,跟

著我們學習財商，並在同一年跟著我們一起在海外買了一間海景房給女兒做生日禮物。

3. 黃金儲蓄比率：教你及早累積資產

除了債務支出比率、負債比率，你還要關注儲蓄。這裡和大家分享一個「月光族」和「儲蓄族」的財富累積對比圖（見圖表 2-12）。你可以看到，越早懂得儲蓄的人，在財富的累積上越有優勢。

圖表 2-12 「月光族」和「儲蓄族」的財富累積對比圖

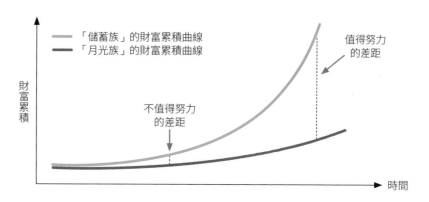

我們也認識收入低的朋友，他們透過有計畫的支出管理，靠儲蓄也可以 3 年就買一間小房，所以收入多少跟你

的財富並不是正相關。你可以用以下的公式來算自己每個月的儲蓄率為多少：

> 儲蓄比率＝淨收入 ÷ 總收入
>
> 淨收入＝總收入－總支出

　　理想的儲蓄比率能達到總收入的 30% 或以上。如果目前沒有達到 30% 的儲蓄比率，你就要開始先從裁減支出下手。

　　透過計算，我們馬上就發現李先生為什麼會有入不敷出的情況。李先生在當年度才存了 6.5 萬元，儲蓄比率僅有 2.2%。假設他父母因為健康問題產生新的開支，我相信他不僅存不了錢，還會失去近 90 萬元的銀行現金。

　　經過我們的指導後，李先生股票配息的收益增長了 1 倍，休閒娛樂的費用降低，財務支出經過初步重組後省出好幾萬元，把儲蓄比率從 2.2% 大幅提升到超過 10%。

　　雖然距離 30% 還有一段路程要走，但相信隨著債務的償還，固定財務支出會不斷減低，可以省下更多的現金用作投資或儲蓄。

透過李先生的案例，我替大家演示了 3 個最基本且重要的指標是如何助你保持財務健康的。

最後提醒大家，冰凍三尺非一日之寒，糟糕的財務情況也是一次又一次的決策失誤造成的，所以維持存款穩定增長是需要時間和耐心的。只要有恆心，每個人都可以做到！

小練習

根據本節提到的「黃金儲蓄比率」，請你計算一下今年上半年的儲蓄比率，看是否至少超過 30%？

03

大環境瞬息萬變
存款餘額就是情緒穩定器

進入 40 到 50 歲的黃金十年，財務規劃不再只有賺錢而已，而是如何聰明地讓錢為你工作！本章將帶你一探資產配置的祕密，從避險策略到建立穩定現金流，甚至包含孩子的財商培養，教你既能穩中求進，還能安心退休，順便讓下一代也贏在起跑點！準備好迎接人生的財務轉折點了嗎？讓我們從這裡開始！

手裡的錢越來越不值錢 如何保值、增值？

資產配置是投資市場唯一免費的午餐。

—— 美國經濟學家 哈里・馬科維茨（Harry Markowitz）

閱讀本節之前，請先思考以下 3 個問題

1. 什麼是資產配置？資產配置的主要方式是什麼？
2. 配置資產前，需釐清哪些問題？
3. 如何合理保持投資資產多元化？

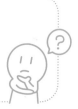

　　40 ～ 50 歲這個年紀，相信你已經在一定程度上實現了財務自由，但是隨著通貨膨脹的加劇，手裡的錢會越來越不值錢，學會對自己的錢進行合理的配置，讓錢保值增值，才是聰明的做法。本節內容將為大家詳細地介紹如何進行合理的資產配置。

每一個投資人都需要資產配置

聰明的投資人像出海捕魚的漁夫一樣，知道大海哪裡魚多、哪裡魚少，哪天有颱風，如果不懂專業知識就貿然去投資，就像駕駛著一艘小船出海，只想捕魚，沒有看到即將到來的颱風，很可能在風浪中船毀人亡，血本無歸。也有些人覺得自己不懂，不敢行動，只能站在岸邊看著別人滿載而歸。

投資要有一個多元化的組合配置，這樣做的目的是以最少的風險賺取最大的收益。投資的核心是資產配置，做好資產配置會讓投資更加容易，很多人認為自己的財富還沒有到需要考慮資產配置的程度，並且認為資產配置是大富翁、大公司才要做的事。其實每一個投資的人都需要具備資產配置的認知，懂得如何根據自己的情況進行配置。

資產配置，是投資人將資金在不同資產類別之間進行合理分配的策略，目的是幫助投資人滿足需求的同時，平衡收益和風險，即使只有 10 萬元可用於投資，投資人也需要考慮將這筆錢投到哪裡。考慮越早，今後的資產增值就越有可能踏上穩健的快車道。

配置資產前需釐清的 4 個問題

在配置資產之前，我們需要對自己的個人情況及資產情況、配置的具體目標、可投資的資金情況、個人風險偏好等有清晰的認識，在釐清這些問題後，才可以開始我們的資產配置。

1. 了解個人情況及資產情況

這是理財中最基本的，即使你不做風險投資，也要清楚地了解自己的個人情況。個人情況包括：

- 年齡、所在地區。
- 家庭成員和結構。
- 財務狀況（工作穩定性、收入水準、去除支出後的現金流入）。

2. 釐清資產配置的目標

大部分人配置資產的目的很單純，就是希望變得更富有。這個目標沒問題，但問題在於沒有詳細的規劃，看到哪裡能賺高收益就往哪裡去，這很可能會損失慘重。

　　比如你去投資好公司的公司債，主要的收入就是債券
給你的利息，債券的價格不會大幅波動，所以你追求的是
穩定的現金流，而不是資產的增值。

　　相反地，你投資股債混合型基金，你的收益會比公司
債券高，從而增加你的資產，但風險也相應被放大，所以
要先釐清你資產配置的目標是什麼。

　　我們做資產配置的時候一定要先看大局，圖表 3-1 這

資產風險等級	預期收益	產品	適用情境
\multicolumn{4}{c}{**圖表 3-1　不同資產風險比較**}			
1	1%～4%	貨幣基金、活期存款、儲蓄帳戶	· 應急 · 隨時可以增加投資的資金
2	4%～6%	固定利率債券、債券基金、人壽或儲蓄險、藍籌股或國營事業股	· 短、中期投資 · 有定期提款計畫 · 收益相對穩定
3	6%～10%	房地產信託基金、信託、全球混合型基金、高息股、新興市場債券基金	· 創造更高的被動收入，但要承擔價格波動的風險
4	＞10%	全球股票基金、中小型公司股票	· 中、長期投資
5	＞15%	大型產業或區域型基金、對沖基金、期貨	· 追求更高收益 · 資產價格波動大，要及時停利
6	＞20%	小型產業或區域型基金、私募基金、比特幣、民營企業入股、藝術品	· 超高收益的投資組合 · 市場流動性有限制，價格難以預測

張資產風險表和收益表，方便你釐清資產配置目標（參考了不同書籍和根據過往經驗總結）。

3. 了解自己能夠投資的資金情況

　　資產配置的核心理念是要先梳理財務情況，而後管理你已擁有或將會擁有的資產。如果你連自己有多少投資資產，或資產結構都不清楚，你就不會知道應該投資什麼資產，也不知道如何調整資產架構去達到你的目標。那麼，究竟如何計算自己有多少可投資資產呢？大家可以用以下公式：

> 可投資資產＝現金＋定期存款＋基金、ETF ＋股票＋儲蓄險
> ＋信託產品＋債券＋其他流動資產

　　需要注意的是，如果資產有合約鎖定期或沒有辦法自由提取，我們暫時不要計算在可投資資產裡。有讀者會問，為什麼不以淨資產作為可投資資產的標準呢？答案很簡單，因為你用貸款買的房子也是淨資產，你總不能馬上賣房子去投資吧。

4. 了解自己對風險的偏好

　　每個人對風險的偏好不一樣，而風險偏好會影響你制

定投資目標、考慮投資期限和選擇資產的偏好。大家有空可以測試各大投資平台上的風險偏好評估表，再參考圖表3-2 中的結果。

圖表 3-2　不同風險偏好建議圖

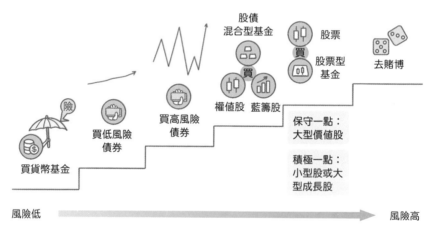

市面上有很多個人風險偏好的測試，但測試的結果都差不多。我認為每個人的投資風格基本可以分為以下幾類。

・第一類：極度保守

這類投資人永遠會把安全放在第一位，幾乎不允許任

何損失，但他們選擇投資的資產比如貨幣基金、定期存款、國債等一般回報率不高，除非他們的可投資資產量比較大，否則創造不了多少現金流，高機率可能跑輸通膨。

・第二類：相對保守

這類投資人比第一類投資人激進點，他們會傾向於承擔多點風險，投資的重點多為相對保守的資產，如儲蓄型人壽保險、債券。同時也會用小部分資金去投資相對安全的股票，比如大型的藍籌股和全國前十的股票基金。

・第三類：積極投資

這類投資人會選擇攻守兼備，他們在投資產品的選擇上非常靈活，並且對新產品的態度也很開放。比起相對保守的投資人，他們能在風險可控的範圍內獲得更為可觀的收益。

這類投資人比較注意可用資金，抓住機會投資有價格優勢的資產。另外，他們更願意徵詢財富管理專家的建議，以確保他們執行的投資計畫沒有紕漏。

・第四類：冒險投資

這類投資人傾向於把大部分資金都投資在高風險的領

域，爭取獲得超高收益的機會，但風險也很高，如果總是輕率地做決定，可能會血本無歸。

　　如果你是這類投資人，以下兩點可以讓你回歸理性：

① 建議你把 60% 的資產投資於不動產或固定收益類資產，至於不動產和固定收益類資產的分配比例如何訂定，就看你的資產量和對現金流的需要了。

② 定期向投資顧問諮詢和復盤投資專案的情況，制定投資出場機制。

圖表 3-3　多元配置前需要釐清的 4 個問題

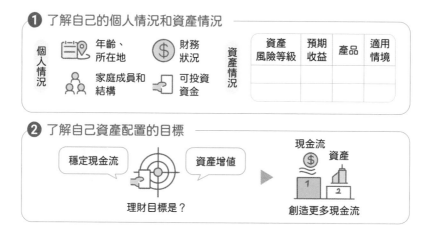

❸ 了解自己能夠投資的資金情況

$ 現金　定期存款　基金　股票　儲蓄險　債券

信託產品　私募基金　退休金　衍生性金融商品　……流動資產

❹ 了解自己對風險的偏好

極度保守	把安全永遠放在第一位。例：貨幣基金、定期存款、國債等
相對保守	投資相對保守的資產。例：儲蓄型人壽保險、債券、權值股
積極投資	攻守兼備的投資組合。例：偏進攻型資產
冒險投資	集中高風險的領域。例：警惕投機思維

投資風險偏好測試

好的投資人市場漲跌都能賺

很多人以為資產配置就是「雞蛋不要放在同一個籃子裡」，所以各式各樣的投資商品都會買一點。但你是否知道，著名的經濟學家凱恩斯（John Maynard Keynes）也提出過一條投資理念，那就是要把雞蛋集中放在優質的籃子中，這樣才可能使有限的資金產生最大化的收益。

之所以說籃子多並不能化解風險，主要是因為目前許多理財產品都是同類型的。舉個例子來說，你投資了股票，又去買了股票基金，一旦股市發生系統風險，你的兩個投資都會一起虧損。所以你該關注的並不是理財產品的名稱，

而是弄清楚背後投資的資產到底是什麼，不要重複投資，這樣不僅達不到分散風險的目的，反而還加大了風險。

　　一個好的投資人，無論市場是漲還是跌，都能夠賺到錢，他靠的就是資產的合理配置和提前布局。對於看好的資產和市場，我們買看漲的投資，對於看跌的資產和市場，我們買看跌的投資。這樣無論市場上漲還是下跌，我們都能獲取收益。

　　一個重要的原則是：不懂不買。無論是投資、事業還是人生，都是守住下限、再搏上限，確保不可接受性事件（毀滅性風險）發生的機率為 0。

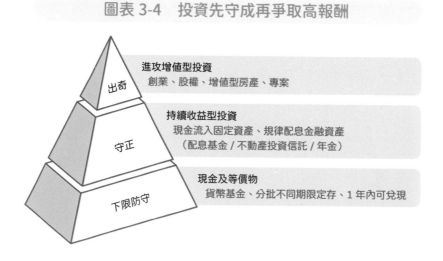

圖表 3-4　投資先守成再爭取高報酬

出奇　進攻增值型投資
　　　創業、股權、增值型房產、專案

守正　持續收益型投資
　　　現金流入固定資產、規律配息金融資產
　　　（配息基金 / 不動產投資信託 / 年金）

下限防守　現金及等價物
　　　　　貨幣基金、分批不同期限定存、1 年內可兌現

本節介紹完資產配置的重要性，接下來將循序介紹從「守住下限」的安全性高的流動性資產，到持續增加現金流的配置方式，以及能賺取價差的投資方法，帶領讀者朝財務自由穩健前行。

 小練習

　　結合自己的風險偏好，來判斷適合你投資的資產類別。

配置流動性資產
隨時可變現應急

好的時候不要看得太好，壞的時候不要看得太壞。最重要的是要有遠見，殺雞取卵的方式是短視的行為。

—— 香港首富 李嘉誠

閱讀本節之前，請先思考以下 3 個問題

1. 安全性高的流動性資產包括哪幾種類型？
2. 銀行存款與貨幣基金有什麼區別？
3. 購買流動性高的產品需注意哪些問題？

　　我想問你幾個問題，投資有風險，不投資是不是代表沒有風險？持有現金是不是最安全、肯定不會虧呢？

　　很多人認為投資與自己無關，其實這是錯誤的想法，哪怕什麼都不做，只是拿著現金不動也是有風險的，因為現金也是一種資產，它面對的風險就是通貨膨脹帶來的現

金貶值，購買力下降。

持有現金還需要考慮的一點就是機會成本。如果不懂利用錢生錢，在人生的路上你會錯過許多資產增值的機會，懂得用錢生錢和不懂錢生錢的人，他們日後的財富差距會越來越大。現金本身產生不了很大的價值，因此，你必須配置其他相對安全的資產，讓現金徹底地「活」起來，為你創造源源不絕的價值。

這一節就來講解資產配置的「防守下限」：安全性高的流動性資產，包括銀行存款與貨幣基金、短期債券基金。

安全性最高：銀行存款與貨幣基金

1. 銀行存款

流動資產就是短期持有、比較安全、隨時可以使用的資產，主要分為兩類：銀行存款和貨幣基金。

銀行存款分為活期與定期。活期存款流動性高，可隨時提取，但利率較低；定期存款則鎖定一定期限，利率較高。兩者均風險低、能保障本金安全，是保守型投資人常用的理財工具。

　　一般來說，短期定存利率較低但資金靈活，中長期定存則提供更高利率，但流動性相對受限。不過，有很多方法可以提高你的銀行存款利息與流動性，其中一種方法是「分階梯儲蓄」。假設手上有 50 萬元現金，你可以把現金平均分為 5 份，分別存為 1 年期、2 年期、3 年期、4 年期、5 年期的定期存款。

　　1 年期的 10 萬元到期後，再存為 5 年期，如此推算，5 年後持有的存款全部為 5 年期，只是到期的年限不同，依次相差 1 年。

　　這種方式使現金儲蓄到期金額保持等量平衡，既能應對儲蓄利率隨時調整，又可賺更長期限存款的較高利息。這種儲蓄方式適合生活開支有規律的家庭，能系統地管理存在銀行的現金。

2. 貨幣基金

　　貨幣基金是投資於短期貨幣市場的低風險基金，主要賺取利息收入和市場利率波動的微小價差，收益通常略高於活期存款，可作為現金替代工具。由於流動性高、收益穩定、波動性小等特性，適合追求安全性和資金靈活性的

投資人。

　　另因其收益與利率掛鉤，當市場利率下降時回報可能縮減，投資前需留意基金規模、管理人績效及資產配置的分散程度。

3. 銀行存款與貨幣基金的區別

　　銀行存款和貨幣基金的區別不大，但相對來說，銀行存款更適合投資新手，因為銀行存款是最安全的。為什麼呢？主要有以下 3 點區別：

①銀行存款的利率往往是固定的，而貨幣基金的收益率會有波動。貨幣基金主要的投資標的是短期高流動性、低風險的貨幣市場工具，如大額存單與協議存款，因貨幣基金的利率會隨市場波動，所以它的風險會稍微比銀行存款高一些，大家配置的時候要有心理準備。

②貨幣基金不能即時贖回，流動性沒那麼高。貨幣基金主要投資標的即使期限短，也需要 1 ～ 2 個工作日才能變現，視各家作業情況，有時需要更多時間。

③每家銀行有 300 萬元的存款保險保障，意思是就算銀行破產，你的存款也可以拿回 300 萬元。

　　貨幣基金和存款比較適合作為活期資金、短期資金或一時難以確定用途的臨時資金。大部分流動性資產的收益率在 3% ～ 4% 之間，如果想要提高收益，那就只能犧牲流動性，比如從活期類理財轉向定期類理財。

貨幣基金的替代品：短期債券基金

　　當利息越來越低的時候怎麼辦呢？難道所有的錢只能存在銀行嗎？其實也不見得，有一個流動資產的投資選擇給大家參考：短期債券基金。

　　短期債券基金，主要投資於流動性較強的短期貨幣市場工具及剩餘期限在 1 ～ 3 年內的債券；中短期債券基金過去 1 年的平均收益率為 4% 左右。短期債券基金的投資金額通常約千元至萬元不等，各基金有所不同。

　　大家投資短期債券基金時要多留意基金裡的債券評級（一般是以英文字母表示，A 最好 D 最差）。債券信用評級越高，違約的風險越低，按時返還利息的機率就越高，大家可以從各大基金平台或每檔基金的詳細資料中查詢。

　　債券信用評級 AAA 為最高級別，代表償還債務的能力

極強，違約風險極低。建議大家選擇短期債券基金時參考以下幾點：

1. 信用評級最好 75% 以上都是 AAA 級別的債券。

2. 不投資股票、權證等股權類資產，也不投資可轉換債券、可交換債券。

3. 短期債券基金贖回期各家業者不相同，大多申請贖回後約 3 ～ 7 個工作日，錢可回到帳戶。

　　這些產品主打流動性高、波動性低，適合作為閒置資金的停泊工具，可以定義為緊急預備金。多數短期現金管理產品的投資門檻低，最低千元至萬元不等，適合小額投資人，通常開戶後即可操作，對投資新手十分友善。

　　在這裡我提醒大家千萬要學會辨別「流動性」和「市場性」，這是一般人最常混為一談的誤區。有人說自己的理財產品隨時都可以贖回，但是投了 10 萬元，只能賣 2 萬元，這樣的資產，只有市場性，也就是在市場上可以買賣，但不算有流動性，因為價值打了折。

　　真正的流動資產一定符合兩點：⑴在市場隨時可以出售；⑵價格波動極小。

這就是不應該把這部分資金用於投資股票或者中期債券基金的原因。

對我們的資產配置來說，流動性是決定性因素。再有價值的資產，只要沒有流動性，在關鍵時候就發揮不了任何作用，就像面對敵人的時候，你的手槍裡雖然有子彈，但是子彈卡在彈匣裡射不出來。

也許這個年齡階段的你已經成為累積一些財富的中產階級，甚至在別人的眼中已經是成功人士了，因此更要合理配置資產，確保資產的流動性。

小練習

請好好梳理一下自己的資產結構，計算一下流動資產是否足夠？如果固定資產的比例過高，而流動資產的比例過低，那就按照本節的思路開始調整吧！

窮富不由存款多少決定
由現金流決定

重要的不是你的判斷是錯還是對，而是在你正確的時候要最大限度地發揮出你的力量來。

—— 金融巨鱷 喬治·索羅斯（George Soros）

閱讀本節之前，請先思考以下 3 個問題

1. 為什麼我們需要穩定的現金流？
2. 怎麼合理選擇各類基金？
3. 怎麼利用投資槓鈴策略減少風險？

　　我想和大家分享一個真實的故事，故事的主人公是我一位朋友的老闆。2018 年的時候他是當地首富，人脈廣，也很有野心，所以不斷尋找風口、投資新的產業，他打算併購幾家公司，因此耗費了大量的初期創業資金，當時銀行突然收緊貸款，他的現金流馬上就斷了，而他所進行的

併購交不出後續的錢，前面的投入也回不來了，半年內，他連銀行貸款的利息都還不起了，每個月還需要上億元的開支。2019年底，這位老闆自殺了，他選擇離開這個世界。

這是一個非常沉痛，但又在40多歲的族群中真實上演的悲劇。原因就是這個階段的人通常收入高、開銷大，進來的錢多，出去的錢更多，如果沒有穩定的現金流，他們就會像前文這位老闆一樣，面臨無錢可花的窘境。

接下來就和我一起來探究怎樣獲得穩定的現金流吧！

穩定的現金流比豐厚存款更重要

從上面的案例中不難發現，你需要現金，但是也絕不能保留太多現金，原因上一節提到過──現金是會貶值的。所以我一直不認同「現金為王」這句話，我認同的是「現金流為王」：固定流入的金錢具有強大的力量。

我看到過一個很生動的例子：巴西的千湖沙漠每年降水量達到1,600毫米卻寸草不生，就是因為它每6個月才下一次雨，但如果根據季節規律性地降水，即使每次只降幾十毫米，也很可能會收成大好。

　　同樣的道理，對一般人來說最重要的是穩定的現金流。例如有 2 個人的年收入都是 50 萬元，A 每月有固定的收入 4 萬元，B 有時 1 個月能賺 10 幾萬元，有時一分錢都賺不到，雖然 2 個人的年收入都是 50 萬元，但收入的品質和可預測性是完全不同的。

　　只有維持穩定的現金流入，生活才會變得富足。能定期入帳的錢就像源源不斷地落在農田裡的雨水，能夠使你的人生各項計畫和支出變得容易掌握。

聰明選擇基金 發揮「錢生錢」的力量

　　在投資的時候不要只看收益率，要注意什麼資產可以帶來現金流，也就是「錢生錢」的力量。

　　我們夫妻過去幾年都在專注建立一個每月配息的投資組合，這個投資組合每個月或每個季度都會為我們提供現金。不算房租或其他資產的現金收入，我們現在每個月能有超過 3 萬多港元（約台幣 12 萬多元）的被動收入，1 年什麼都不做就有 36 萬港元（約台幣 144 萬元），真的是「躺贏」。

　　在 2022 年，我們幫親戚整理了他的投資組合，想看

一下收益怎麼樣。我的親戚當時投了 3.8 萬美元（約台幣
122 萬元），最近 12 個月總配息接近 2,700 美元（約台幣
8.6 萬元），年化收益率超過了 7.2%。

　　這樣的年化收益率妥妥地打敗了市場！但是，他主要
鎖定高收益債券基金，高收益的債券基金不可能只是投資
純公債，純公債收益很少超過 4%。債券基金一般會投資亞
洲或全球的以下 5 類標的：⑴投資等級的政府債券；⑵投
資等級的公司債券；⑶大公司的高收益債券；⑷可轉換公
司債券；⑸優質的股權資產。

1. 怎麼選擇債券基金？

　　可以領息的投資商品包含股票、強調高股息的基金和
ETF，以及債券型基金，若想追求穩定，可以債券型商品
為主（也可以混搭，降低資產集中的風險）。以下提供挑
選債券商品時要注意的事項：

①資產組合：投資組合要避免價格大幅波動。債券基金投
　資信用評級越高的債券，基金的風險越低，但基金的回
　報率也越低。

②產業分布：資產要分布在更多有穩定現金流的企業所發

行的公司債。基金如果投資於現金流比較穩定的公共事業、不動產、資訊科技、基本消費及通訊服務等產業，這些產業通常具備穩定需求、強大市場地位或持續盈利能力，那麼現金流的持續性就有很高的保證。

③債券信用評等：評等越高，違約風險較低。若包含高收益債券（非投資等級，即信用評等 BB+ 級以下），需評估其收益與承受風險能力，因高收益通常也代表高風險，違約的可能性較大。此外，分散投資國家與產業也能降低單一信用事件的衝擊。

④配息方式：優質的配息基金應該是從每個月的淨收益直接配息給客戶，而不是把基金股本賣了再付給投資人。

投資最重要的是落袋為安的回報，只有能產生現金流的資產，才是真正的資產。

2. 怎麼選擇不動產投資信託基金？

不動產投資信託（REITs）集中投資於不動產項目，比如大型商場購物中心、酒店、辦公室、物流中心、停車場等，它的收入主要是租金，也包括物業升值的收益，有別於上市公司的股票。

REITs 基金最大的特性是會把大部分稅後淨利以股息分配給基金持有人，以美國為例，規定上市的 REITs 必須把最少 90% 的應稅收入的股息配發給投資人（台灣的 REITs 商品依據《不動產證券化條例》規定，信託利益應每年分配給投資人，但未明確要求分配比例），有些還限制資產借貸比例不能高於 35%，因此資產負債結構很穩定，不會發生負債過高的情況，而且收入來源以租金為主，比一般不動產開發商銷售物業的收入更穩定，波動性低，業務風險低，現金流入穩定，股東可以定期收到穩定的現金配息。

選擇優質的 REITs，要研究其旗下資產的品質，預估負債比率，了解管理層計畫和未來增長潛力等，需要很強的專業實力。我們在北美的投資中，有兩項是 REITs（見圖表 3-5）。這裡講一個我們比較喜歡的案例：Brandywine REITs（已成功退出）。

Brandywine 主要投資美國費城、華盛頓、德州的商業大廈和科技園區專案。公司在美國擁有超過 95 個物業。當初投資的時候，年配息率接近 8%，每季配息一次，後來股價漲了 15%，所以配息率只近 6%。

圖表 3-5　作者在北美的投資布局					
投資產業類別	產業	投資時間	配息時間	配息率	投資回報率
天然資源基礎建設	天然資源	2020 年	季度	9.8%	＞ 10%
加拿大石油管道基礎建設	天然資源	2019 年	季度	4.5%	＞ 30%
不動產信託基金	商業地產	2020 年	季度	6.8%	＞ 21%
不動產信託基金	多用途	2021 年	月度	5.7%	＞ 4%
私募基金	新能源	2016 年	—	—	＞ 600%

　　劍銓投資過這家公司 3 次，賺了幾十萬美元。他投資 REITs 是因為作為投資人每 3 個月就會知道公司營運的情況，大家要注意的就是每檔 REITs 所持有的房產物業可能不同，需要分析的也不一樣。我在這裡簡單說一下當年決定投資 Brandywine 的原因，希望能啟發到大家：

①租客的品質：公司要擁有財務實力雄厚的租客，比如公司的租客裡有 IBM 等大公司，就算市場低迷的時候，這些大客戶仍然能持續交租，不會影響不動產信託的收入。

②投資規劃：Brandywine 在未來兩年有兩個新的投資項目分別在德州科技園區和費城自然科學園區，兩個項目已提前鎖定一些租客。這意味著信託的未來收入會增加，

配息的金額也會增加，未來的股價也會上升。

③公司管理層的能力：要知道管理層做得好不好，應該看公司過去 10 年的配息情況，這樣能看到管理層有沒有不斷為投資人創造價值。

④配息穩健：Brandywine 從 2011 年起每年配息都是穩健增長。如果按 4.5% 而不是 6.8% 的配息回報率來算，其實公司的正常股價應該是每股 17.3 美元，但當時只是每股 11.5 美元，所以我們預計有 50% 以上的增長機會。

⑤負債狀況：Brandywine 的總債務是股權比率的 1.08 倍，在業內不算高。如果你看到一些公司的比率超過 2 倍，就要留意。

以上的例子都是海外的 REITs，台灣 REITs 市場規模有限，主要投資於商辦大樓、商場及其他不動產，但因標的集中於少數資產類型，分散風險能力有限且交易量相對低迷，流動性不足，風險和收益與海外 REITs 不同。

3. 善用投資槓鈴策略

把你的投資集中在兩個極端：高風險和低風險的資產中。不要去買那些中間風險、中間收益的資產。

圖表 3-6　投資槓鈴

低風險
低收益投資　大　　　　　　　　　　小　高風險
　　　　　　　　　　　　　　　　　　　高收益投資

　　善於投資的人 90% 的資產全部放在極端安全的資產中，哪怕是 4%、5% 的收益率他們就很滿足了，重點是不能有風險。而剩餘 10% 的資產，他們會放在高風險的投資標的上，一旦成功收益可以翻倍，甚至十倍百倍，比如期權期貨、風險投資或者新興的高科技股票等。

　　因為他們的本金足夠大，所以即使只拿出 10% 來投資，收益也很多，而可能的損失又不大，哪怕 10% 全部都沒有了，其他 90% 的資產也不會受到任何影響。有些人則反其道而行，買了一些中風險、中收益的產品，付出沉痛代價。

　　在充滿風險的投資世界中，堅守 90% 的安定，勇敢嘗試 10% 的未知，是非常好的投資策略。如果你已經有 90% 的資產都放在比較穩健的投資標的中，那麼，其他 10% 完全可以嘗試高風險、高收益的投資。

圖表 3-7　如何用錢生錢

❶ 選擇配息商品的 4 個要點

高收益　可轉債
債券　　股票證券

①資產組合　②產業分布　③債券信用評等　④配息方式

避免導致基金　主要分布在穩定　信用評等越高　優質配息基金
價格大幅波動　現金流的企業　違約風險越低　每月淨收益直接配發

❷ 選擇 REITs 基金的 5 個考量

停車場　酒店　辦公室

購物中心　租金為主　物流中心

不動產投資信託基金

收入穩　低波動　低風險　穩現金流

選擇 REITs 5 看

①租客品質　②投資規劃

③公司管理層能力（10 年配息能力）

④配息穩健程度　⑤負債情況（最近一季＜200%）

❸ 善用投資槓鈴策略

低風險　　大　　　　　　　　小　高風險
低收益投資　　　　　　　　　　　高收益投資

現金流就是生命線，如果沒有現金流支撐，那麼資產將變得毫無意義。如果你還沒有打造穩定的現金流，請按照本節內容合理地選擇基金，配置穩健「錢生錢」的配息資產，為自己贏得源源不斷的資金流入。

小練習

你所在的投資市場有什麼類型的配息資產呢？請試著尋找和挑選 1～3 類配息資產，為你的投資組合增加幾筆被動的現金流入吧！

如何挑選穩健成長的收益型資產？

股市通常是不可信賴的，因而，如果在華爾街地區你曾跟別人趕時髦，那麼，你的股票經營註定是十分慘澹的。

—— 喬治·索羅斯

閱讀本節之前，請先思考以下 3 個問題

1. 為什麼要慎重購買個股？
2. 怎樣區分並購買各類債券？
3. 基金投資的 3 大原則是什麼？

　　相較前面介紹投資以創造穩定現金流為目的的商品，這裡要分享的是如何選擇穩健的收益型資產，白話來講就是用價差賺取資本利得。

　　大部分第一次投資的人都會先接觸到股票，雖然股票交易方便且投資門檻低，但股價的波動幅度很大，容易受

到市場環境影響。如果在 40 多歲的時候因為錯誤的投資決定導致資產清零，對後半生將是嚴重的打擊，所以應該謹慎對待自己辛苦工作近 20 年累積下來的寶貴財富，謹慎選擇收益型資產。

慎重購買：個股

我們不太建議大家買個股，除非是龍頭股。主要有以下幾個原因：

第一，大部分人買股票自以為是投資，其實是在投機。大部分炒股的人缺乏足夠的知識和技能，而且投入了過多資金，超出了自己承擔虧損的能力範圍。第二，靠炒股致富，相當於大海撈針。在股市熱的時候，一天帳面價值就漲了幾百萬，但是過幾個月又全部虧回去的人不在少數。

這些年我們見過購買個股，並且從中獲益的只有一類人，就是業內人士，準備長期持有自己企業或者自己產業內的某個龍頭股票。他們非常了解這家企業以及企業所在的產業，對企業內部營運狀況、財務狀況和未來趨勢的了解遠遠高於市場，甚至高過很多研究股票的專家。

所以，慎買個股，因為誰也不知道未來會怎樣，如果一定要買，我給你一個建議：單一檔股票不要超過你投資在股市總金額的3分之1，並且分3次入場，不要全部押上，至少保留 20% 的資金作為「子彈」。

可參考的固定投資：債券

債券依發行機構分類大致可分為公債、金融債券和公司債。公債是由政府發行的債券，通常包括中央政府公債與地方政府債。存續期間多為中長期，甚至更長的期限，因政府信用背書，風險極低，被視為最安全的投資選擇，適合保守型投資人，這也是前面單元提到能創造穩健現金流的投資。

至於金融債券和公司債，投資這類型的債券需要投資人對發行人償還能力、營運情況、資產的風險評級和管理的能力有深入地了解，高配息的債券相對波動較大，有機會帶來價差的收益，但伴隨的是品質不良的公司還不起債的倒閉風險，需要花很多時間去研究，但能獲得的訊息量仍然是有限的。

　　如果想要參與債券的交易，需先於銀行、證券商開立
債券交易帳戶，並完成風險屬性評估。投資人可透過櫃檯
買賣或公開市場交易，最低交易額度視交易市場而定。此
外，如果資金規模較小或尋求分散風險的投資人，可以透
過基金或 ETF 間接投資債券。

收益性資產的「重頭戲」：基金和 ETF

　　《投資的奧義》這本書裡有句話：找到像巴菲特這樣
的基金經理人如大海撈針，對於一般人來講，投資收費低
的基金是非常合適的投資方式。我們在這本書裡針對經濟
不好、市場波動較大的情況，給出投資的 3 個大原則：

・分散投資。
・資產指數化。
・壓低交易費用，勿頻繁交易。

　　為什麼要選擇基金和 ETF 投資呢？有以下幾個優勢：
1. 買股票就要承擔風險，包括公司營運、業務受市場的影

響等。基金和 ETF 能分散風險，因為好的基金和 ETF 持有不同的資產，資產之間的相關性比較低，比持有一種資產風險低。

2. 部分基金和 ETF 擁有跨越經濟週期的能力，而且持續營運，比如指數型。

3. 優質基金和 ETF 的投資組合已經經過基金公司研究團隊的挑選和分析，它們獲得的資訊比我們一般的投資人獲得的更及時，投資人可以省下費心挑選的精力。

手把手教你買對基金和 ETF

市場上有那麼多基金和 ETF，大家該如何投資呢？現在我會教大家如何買對。

首先，產品比較一定要找同類的，不要用股票型來對比債券型。其次，大家可按照市場上一般使用的各項指標來分析基金和 ETF。

劍銓根據多年的投資經驗、跟不同基金經理溝通和閱讀的投資書籍，整理總結了基金各項指標的含意及標準，供大家參考（見圖表 3-8）。

圖表 3-8　各項基金指標的含意及標準

基金指標	含意	標準
基金規模	規模越大越好	規模 2 億以下會被清算，可以同類型的基金互相比較
年化報酬率（3 年以上）	平均回報率超過同類基金回報率，越高越好	> 0%
標準差	基金的波動幅度，越低越好	接近 0%
夏普值	衡量基金是否能用越小的波動來創造更高的收益	> 1
追蹤誤差	與大盤表現的誤差	接近 0%
晨星評級	對比同類基金的表現	3 星評級以上（3 年、5 年）
債券評等	違約風險	選高投資級別
Alpha 值	超過市場的收益	> 0%
Beta 值	基金對於大盤的波動情況（比如 Beta 值為 1.1，市場上漲 10% 時，基金上漲 11%）	被動型基金 = 1 主動型基金 < 1
R 平方值	基金表現和大盤的相關性；R 平方值越高，Alpha 值和 Beta 值得參考性越準確	被動型基金 = 1 主動型基金 < 1
P/E（本益比）	基金持有公司營利增長預期	對比歷史水準
ROE（股東權益報酬率）	基金持有公司整體盈利能力	> 10%

　　最後，我們按不同的種類，為大家總結如何靈活使用指標來分析不同類型的基金和 ETF。

分析指標	指數型	股票型	債券型
\(\text{圖表 3-9}\) 靈活使用指標分析基金			
基金規模		★	★
年化報酬率（3 年以上）	★	★	★
標準差	★	★	★
夏普值		★	★
追蹤誤差	★		
晨星評級		★	★
債券評級			★
Alpha 值		★	★
Beta 值		★	★
R 平方		★	★
P/E（本益比）	★		
ROE	★		

大家可以按照我們的原則和技術指導來分析自己想投資的基金和 ETF。

1. 債券型

前文提到如果資金規模較小或尋求分散風險的投資人，可以透過基金或 ETF 間接投資債券。可概分為 2 大類別：

①純債型：100% 投資於債券。波動小，收益比較穩定，但收益會很低。

②混合型：同時投資於債券和股票，通常根據基金策略設定固定的股債比例。這類基金的波動性和收益比純債券型高，風險也較大。

大家要按照自己的實際情況來決定，挑選的時候參考圖表 3-9 的指標就可以了。債券的評級如果是投資等級以上（信用評等 BBB- 級以上），安全性相對最高。

為什麼建議大家買債券基金呢？首先，透過固定利息回報能獲得穩定收益；其次能分散風險、降低單一債券違約的影響；最後，基金與 ETF 投資門檻較低，小資族也能參與，並透過專業經理人管理資產，簡化投資決策。

2. 指數型

前面講過，如果是作為投資新手，建議大家直接投資指數，跟著大盤走，許多投資領域專家，其中最著名的就是股神巴菲特，都反復強調指數化投資的重要性。投資指數型基金和 ETF 有兩個好處：

①指數型能跨越經濟週期而不會倒閉，你持有指數型基金

和 ETF 2～3 年一般都會賺錢。

②定期定額投資指數型基金和 ETF 能讓你強迫儲蓄並擁有
　保持資產增值的可能性。

　　投資指數型基金和 ETF 最好的策略是什麼？我們建議
定期定額，第 2 章講過一些定期定額的策略，供大家參考。

3. 股票型

　　我們在選擇股票型基金和 ETF 前，一定要貨比三家，
可以找投資策略、產業方向還有資產配置接近的標的來比
較。除了同類型比較外，我們還要注意以下幾個關鍵的指標：

①基金規模和歷史收益率。

②基金的業績在同類基金的排名是否在前 3 分之 1。

③夏普值：夏普值越高，基金收益風險的性價比越高，越
　值得投資。

　　舉個例子，有 2 檔股票基金，它們投資股票的比例均
超過 90%，且超過 3 分之 2 投資製造業，2 檔基金的投資
風格都專注於大盤和成長型股票，這 2 檔基金的可比性就
很高。

　　假設基金 A 的規模為 191 億元，有 7 年的營運歷史，

近 3 年的回報率為 43.92%，夏普值為 1.01，在同類基金裡排名第 10；基金 B 的規模為 24 億元，也有 7 年的營運歷史，但基金經理換了 9 次，近 3 年的回報率為 46.79%，夏普值為 0.92，在同類基金裡排名第 20。結論：雖然看上去基金 B 的近 3 年回報率稍微高一些，但基金 A 在基金規模、收益風險的性價比上都優於基金 B。

善用工具 投資更有利

之前有些投信推出了智慧投顧，是一種以人工智慧和大數據為基礎的投資管理服務，透過分析投資人的風險偏好與目標，自動提供資產配置建議，主要以 ETF 或基金組合進行分散投資。其優點包括低門檻、費用透明、操作便利，適合投資新手；缺點在於靈活性不足，無法應對特殊需求，且績效受限於模型設計與市場波動。

如果你想成為更聰明的基金投資人，請注意以下幾個方面：

①快速掌握投資基金的知識。

②參加專業和可靠的投資資訊交流圈。

③利用基金或產業資訊，結合投資技術做分析。

④分散投資風險。

⑤借專業人士的力做專業的事。

⑥不斷實際操作基金投資。

對於大部分人來說，只要你養成定期定額的習慣，定時分批買進優質的基金和 ETF，把基金和 ETF 的價格平均化，一般過了兩三年再取出，你都會獲得盈利。

小練習

請整理你買過的基金和 ETF，或挑選你想買的基金和 ETF，做一張定期定額表格來按時記錄和追蹤自己的投資情況。

投資海外不動產
要知道的事

承擔風險，無可指責，但同時記住千萬不能孤注一擲。

—— 喬治·索羅斯

閱讀本節之前，請先思考以下 3 個問題

1. 為什麼說一般人也可以投資海外不動產？
2. 投資海外不動產的 3 個關鍵思維是什麼？
3. 哪些因素決定了海外不動產是否值得投資？

　　為什麼有些人喜歡投資海外不動產呢？我認為是想分散投資風險、覺得海外不動產便宜或者有移民需求。這些都很合理，但因為資訊差的存在，「踩坑」的機率也同時增加。

　　我有一位朋友曾經參加了一個東南亞不動產的講座，

被銷售人員哄騙去一個旅遊點，投資一間小房子，專門出租給旅客，說回報率在 10% 以上。因為價格不高，大概兩三百萬元，所以他就一次付清，結果在旅遊淡季的時候，1 個月只能租出去幾天，真的是虧本，他決定賣房套現，卻發現當地房子的成交量很低，找不到買家。現在他的兩三百萬元還牢牢地套在房子裡。

其實類似的事情經常發生。我在過去幾年考察或研究過不同國家的房地產，例如美國、澳洲、越南、英國、泰國、日本等，投資回報率都還不錯。本節將為大家詳細介紹如何在海外投資不動產。

投資海外不動產的 3 個關鍵思維

1. 穩定租金回報比房價增幅更重要

我會選擇租金回報率相對高的國家去投資，這代表當地不動產市場趨向成熟，能付得起高租金的居民收入水準應該不錯。比如，我們投資英國伯明翰房子的租金率挺高，扣除出租物業管理費後每年有近 6% 的回報。

我們也投資了泰國的不動產，有學員跟著我們投資泰

國芭達雅和普吉島的稀缺性全海景公寓。2020 年初，有一位學員買了一間約 10 坪的全海景公寓，連帶基本傢俱 225 萬元左右，到年底就漲了 9%，每年租金回報率在 7% 左右。

我們對當地的開發商非常了解，所以在指導學員選擇資產時有第一手的資訊，讓學員避開爛尾樓的潛在風險，找到租金回報率不錯、總房價不高，最重要的是非常稀缺的海景房。

我們認為泰國將會是東南亞不動產下一個爆發地。首先，房價在疫情後有所調整，現在的價格比較合理；其次，總體生活成本比國內和西方國家低，生活品質會上升一個層次。另外，如果你更看重孩子的教育，泰國的國際學校費用不算貴，可以作為孩子出國讀大學的一個跳板。

2. 別急著一次付清 適當借用槓桿的力量

在不動產投資上，很少有人會懂得系統化去評估有升值潛力的房產。

金錢有時間價值和機會成本。我認識一些人沒慎重考慮就一次付清買下房子，過了好幾年沒辦法出租，也沒有買家接手，等於大筆金錢套在了房子上。如果只是付了頭

期款，剩下的錢用私人或銀行貸款，你省出來的本金可以投資比貸款利率更高的理財產品上，這樣既買了房子又賺了利息差，一箭雙鵰！

3. 選擇核心地點

　　大部分人買海外不動產都是透過仲介的安排，基本上交易的時候才需要飛到當地辦手續，有些甚至人都不用去，直接線上交易就可以。如果不自己飛過去考察，就有可能因為資訊差而做錯決定。

　　我們有一位朋友幾年前投資房子，開發商突然破產，專案爛尾，真是倒楣。要降低這樣的風險，就要選擇大城市的核心地段。

　　比如，我們在英國買房子，就選擇英國第二大城市伯明翰。房子位於市中心，毗鄰醫院、大學和城市廣場，交通便利，出租非常容易，劍銓在電腦上用 Google 地圖就能看清楚周圍的環境和配套設施，也了解到附近房價和租金的情況，所以我們並不會因為自己沒去英國看房而感到焦慮。

　　而且當年已有不少科技創新類公司遷移到這個城市，吸引越來越多的年輕人移居當地就業。另外，政府也有計

畫在未來建一條高鐵直抵倫敦，相信交通配套的優化可以
帶動經濟活動和房價上漲。

　　當年我們投資伯明翰時，房價才不到 13 萬英鎊（約台
幣 533 萬元），但現在已經近 17 萬英鎊（約台幣 697 萬
元），增值超過 31%，再加上每年的租金，這個投資在成
熟的不動產市場來說相當不錯。

評估是否值得投資時易被忽略的 2 方向

1. 可能影響收入的政策

①匯率：海外不動產的收益還要算上匯率的變動。比如，
　我們當初買英國房子的時候正值英國脫歐，英鎊兌港幣
　匯率偏低，所以我的購買成本比預期更低。現在英鎊匯
　率上調，如果我把房子賣了，還多賺了外匯的差價。

②稅務：我們曾經考慮過投資美國不動產，租金收益有
　5% ～ 6%，但美國不動產的持有成本很高，加上不同的
　稅項後，回報率變得很低，就不那麼吸引人了。大部分
　人投資海外不動產都沒把稅務搞清楚，等到成交或每年
　報稅的時候才發現是個坑，提醒大家一定要問清楚你的

顧問，如果他也不清楚，請你找個更專業的顧問。

③外匯政策：我特別提到這一點是因為劍銓曾親自飛去越
南實地考察過幾個建案，慎重研究後沒有投資。因為越
南貨幣在世界上是不太流通的，而且越南對外匯的管控
極其嚴格，在金融危機的時候，貨幣大幅貶值，導致外
來投資人損失慘重。另外外國人買越南不動產需要全額，
而且錢匯出國時需要政府部門審批，除非你有很多錢，
否則我不建議大家去一些有外匯管制的國家投資不動產。

2. 千萬要小心避開的風險

目前我了解的海外購屋可能的風險有以下幾點：

①小眾偏僻的地方

2018 ～ 2019 年，有許多不動產仲介推薦客戶到柬埔
寨西港買房，說西港是柬埔寨第二大城市，是柬埔寨唯一
的經濟特區和免稅港。受到各方面行銷的影響，海外很多
資金流入當地房產市場，導致房價短時間內超過首都金邊
近 1 ～ 2 倍，這是一個明顯的泡沫。

因為炒房的風氣濃厚加上缺乏監管，有很多不良開發
商為了節約時間和金錢成本，不惜節省工序和材料，造成

建築品質非常低，出現過高樓坍塌事件，甚至多幢高樓被檢查出結構問題。

另外，20 世紀柬埔寨大量土地和房產被私人占為己有，土地歸屬和權利不明。外國人買地需要透過本地人代持，買房只能購買 2 層以上的房屋，在這種情況下，產權的法律風險非常高，具有很多的未知性與危險性。

我們曾經認識一位同行，他在社群媒體極力推薦西港的房子，也轉介了不少親戚朋友購買，最後不是樓盤爛尾就是陷入產權糾紛。

②商用不動產

購買國外辦公大樓、店面等商用不動產時，限制與條件會因國家或地區的政策不同而有所差異，通常貸款年限比住宅貸款短，約 10 ～ 25 年，且頭期款比例也較高，需 20% ～ 50%。

部分國家對外國人有身分、收入證明或外匯管制等要求，並可能課徵額外稅費。所以對於投資來說，購買海外商用不動產不僅前期投入資金多，每年供款也因為貸款年限短而增加。

③高持有成本

　　大部分人投資不動產都只會考慮租金多少、每月房貸多少，還有交易中的相關稅項，但其實還有其他費用。比如，買公寓會有年度公共設施維護費或管理費等，這些費用都會直接降低投資回報，甚至導致負回報。

　　我們以在美國買一間兩層帶花園的洋房為例。假如你購買的價格大概是 44 萬美元（約台幣 1,408 元），你每年要準備 4,400 美元到 1.76 萬美元（約台幣 14 ～ 57 萬元）做維護費用，約房價的 1% ～ 4%。另外，在美國持有不動產需要同時繳納省級和縣級的房屋稅，比如，美國加州省要業主繳納相當於房產價值 1% 的稅，美國加州省裡，縣的平均稅率是 0.7%。

　　假設你的房貸利率平均在 3% 左右，再加上維護費和房屋稅，你的持有成本已經 5.7% ～ 8.7% 了。如果你年租金率不超過 6%，你的投資回報其實接近 0%，賺錢純粹靠不動產價格增值。

④爆雷開發商

　　大多數的地產開發商都不是上市公司，所以它們的現

金流和負債情況不是很透明。如果你投資海外不動產，更需要與當地的經紀人了解開發商的實力和在當地的聲譽，還有過往是否有爛尾樓的歷史。

　　投資海外不動產可以很大程度改變你的資產結構，讓資產變得更加多元化，但是失誤的投資也會惡化你的資產情況。所以一定要慎重投資海外不動產，堅持正確的投資思維，充分考慮各種因素，只有這樣才能實現資產的有效增值！

小練習

　　列出幾個你感興趣的國家，深入調查和研究當地的不動產市場，如果你有出國旅行的計畫，可以去實地考察幾個建案，驗證你的分析是否準確。告訴你一個小祕密，我們每到一個地方旅行或出差時，都會順便了解一下當地的不動產市場。

不做接盤俠
一定不要犯的投資錯誤

你必須嚴格控制那些非理性的情緒，你需要鎮定、自律，對損失與不幸淡然處之，同樣也不能被狂喜衝昏頭腦。

—— 查理·蒙格

閱讀本節之前，請先思考以下 3 個問題

1. 為什麼說投資不要盲從，多思考賺錢的邏輯？
2. 為什麼要拒絕紙上富貴，及時停利再投資？
3. 為什麼說投資理財要沉住氣，管理好情緒？

我一直都記得一位經濟學家的親身經歷。他 1990 年代在日本證券公司做交易員，有兩個特別厲害的同事專門做加大槓桿的大宗商品（如能源、農產品）期貨。他們分析歷史資料和判斷價格走勢非常準確，所以每次都大賺。

但是有一天當他們下了重注的時候，日本某個地方地

震了，突發地震直接影響了整個大宗市場的走勢，所以他們預測的下跌趨勢完全逆轉了，價格直接因為地震導致供應短缺而暴漲！他們加了很多倍槓桿，應該是輸了幾個億甚至幾十個億的規模。

這兩個交易員坐在座位上鐵青著臉一聲不吭，然後突然站起來，同時跑到辦公室外面的走廊。所有人都沒來得及反應的時候，他們跑到了走廊盡頭的窗戶，從窗口一躍而下，當場摔死了。這齣慘劇震撼了那位經濟學家，影響了他此後的人生觀和投資觀。

人總是會用過去推斷未來。你買某一檔基金時，是不是報導上都會寫著「過去幾年的收益率高達百分之多少」？然後你就自然地認為過去幾年賺了這麼多，那現在買下來也一定會漲幅不錯，但是卻沒想到因為市場基本面的變化、產業格局的發展，你以為會繼續漲的資產結果反而跌了。

過去和未來幾乎是不相關的，因為市場是瞬息萬變、無法預測的。永遠不要以為自己在投資市場待得夠久、夠有經驗，每次做的決定就都是對的，因為未來無法預測，所以一定不要犯以下 3 個投資錯誤：

一、不要盲從 多思考賺錢的邏輯

財富是你知識的變現，如果你對要投資的標的不夠了解，就不要盲從，不要貪婪，不要著急。

在我看來最可怕的投資失誤，就是看到別人賺錢，自己像盲目的羊群一樣跟著做。就算你一兩次僥倖賺到了錢，最終也會因為知識不足而虧掉。

2015 年中國股災之前，股市非常瘋狂上漲的那段時間，很多人都無心工作，專心炒股，我沒有控制住自己，因為羨慕別人賺錢，也貿然衝了進去。當時身邊有朋友一天帳戶就上漲了 200 萬港幣（約台幣 800 萬元）我旁邊的同事早上一上班就玩權證，10 分鐘賺 10 萬港幣（約台幣 40 萬元）。

在這種瘋狂的氣氛下，一個人很難用自己的理智先分析判斷再去投資，往往是看著別人買哪個漲了，就跟著衝進去一起買。結果別人是 1 塊錢進去，我是 5 塊錢進去，漲到 7 塊時遇到了股災，3 天跌回 1 塊多。別人進得早退得也早，而我就完完全全是高位被套的，過了很多年，只能忍痛止損，損失了我 100 多萬港幣（約台幣 400 多萬元），幾年的血汗錢！

永遠不要羨慕別人賺錢這個表面的結果，背後的原因、背景、邏輯才是真正重要的。在面對一個非常誘人的投資標的時，先問自己幾個最基本的問題：

1. 是什麼人賣給我產品？這個人有信譽嗎？

2. 他拿我的錢幹什麼去了？有人監督資金的使用嗎？他靠什麼賺錢？

3. 我買到了什麼？我賺了多少錢？我賺錢有保證嗎？

4. 投資收益率合理嗎？

5. 我一旦不想要這個產品了，能賣出去嗎？

6. 如果產品賣不出去，我能留著自己用嗎？

在考察任何一個投資標的時，都應當問自己這 6 個問題，如果某一個問題的答案是否定的，就要慎之又慎；如果有兩個問題的答案是否定的，就一定不能進行投資。當然，為了準確回答上述問題，要進行一些調查研究，蒐集一些資料，作為決策的依據。

二、拒絕紙上富貴 及時停利再投資

沒有人能夠預測市場，你唯一知道的是市場會波動，

但是一個好的資產和市場，長期一定是向上的。養成定期定額的習慣，並且理性、穩定、不受他人影響，也不眼紅他人賺快錢，就能夠有拿得住優質資產的定力，這是最重要的長期主義（指做事優先考慮未來目的）素養。要記得：分批進、及時走，長期主義不等於長期持有！

資產的帳面升值，不代表我們的實際收入。別沉迷於紙上富貴，該停利時就停利，要讓錢轉動起來。什麼時候買很重要，抓住機會賣更重要。

很多時候，提取盈利是有黃金期的，要做到不貪心、不比較、不回頭看。幾年前我買了一家公司的股票，300多元成本買進的，不久之後跌到了250元，我沒有驚慌，因為我不是投機，所以繼續放著，和時間做朋友。後來等了1年多，漲到了400多元，達到了我心裡的盈利預期，我就果斷地提取盈利，去做了其他投資。不久它繼續漲到500、600元，很多人開始後悔賣早了，但是我內心很淡定，因為我賺足了我預期中的錢，並讓這筆錢流動去了其他地方，所以我沒有什麼遺憾。

後來這家公司的股票又跌回了450元，我之前賣掉的

價錢。如果你一直拿著，或者追漲殺跌，可能不僅虧了錢，還浪費了寶貴的時間和精力。

　　如果你投資的是金融產品，要注意及時停利，也就是達到合理的收益之後，要提取盈利。一位學員 2022 年下半年和我們學習定期定額基金，在實現了 40% 的獲利之後，覺得達到自己的心理預期，就提取盈利，去投資了其他的基金。2023 年上半年，那檔賺到 40% 的基金回落了，而他新投資的基金收益 30%。如果死守著原來那檔，不及時停利再投資，就會錯失機會。

　　你要知道何時持有、何時賣掉、何時走開、何時快跑，千萬不要在玩牌的時候數錢，等遊戲結束有的是時間。你只需要比別人反應快一點，理解力強一點，執行力強一點，就足夠了。

三、管理情緒 沉住氣

　　法國著名軍事家拿破崙（Napoléon Bonaparte）曾說：「能控制好情緒的人，比能拿得下一座城池的將軍更偉大。」管理不好自己情緒的人，也肯定管理不好財富。金

錢是從內心狂躁的人手中流入內心寧靜的人手裡的。

如果你是一個情緒管理能力很差，沒有良好投資習慣的人，我建議不要去亂投資，要先從投資波動幅度低和回報比較確定的資產入手，比如年金、增額的儲蓄保險、指數基金和配息混合型基金等。千萬不要一開始就去買股票和對沖基金。

我見過很多情緒管理能力很差的人，買基金後每天都在看手機，看今天的價格漲了或者跌了多少，虧損得越多，就越糾結，而越跌越慌，最後忍不住就賣出去，自認倒楣了。

投資就像坐飛機，重要的不是飛得多高多遠，而是能平穩著陸。這就需要你控制好自己的情緒。不貪、不急、不迷、不比，對市場、對人性都有敬畏之心。走正確的路，賺踏實的錢，只要確認自己的方向和選擇是對的，相信你自己，這樣才能守住自己認知範圍內的財富，做財富的朋友。

小練習

復盤是成功之母，失敗不是。檢討一下你曾犯過的投資錯誤，記錄自己犯錯的原因，在接下來的投資中盡全力避免吧！

主業謀生、副業求賺
從副業找到未來價值

> 很多人認為他們不擅長賺錢，其實是他們不知道如何使用它。
>
> —— 美國作家 弗蘭克‧克拉克 (Frank Clark)

閱讀本節之前，請先思考以下 3 個問題

1. 為什麼要從消費者變成銷售者？
2. 做生意的兩種思維是什麼？
3. 怎樣利用「乘法」增加副業收入？

　　我年輕的時候，總覺得收入應該是一直上漲的，只要努力，上好學校，找好工作，升職加薪，明天永遠會更好。你呢？我想問問你，你認為自己的收入在未來幾十年裡會一直上漲嗎？

　　我第一次聽到否定的回答，是我 26 歲時初到香港做投

資銀行顧問，當時自己躍升到年薪百萬，覺得將來肯定芝麻開花節節高！沒想到一個同事卻告訴我，要珍惜現在的高收入，因為未來很可能會失去。他微笑著說，他見證了香港經濟的起飛，在 1980、1990 年代，只要肯努力，做什麼都可能成功，但逐漸地，很多行業沒落了，很多贏家消失了。時代在不斷變化，沒有人能一直賺錢，總有一天會被淘汰。

開始我不相信，覺得太悲觀，後來我認識了劍銓，看到了這個活生生的例子。在全球金融危機下，他一瞬間從高峰墜落低谷，從高盛銀行家變成失業人士，再後來我們一起經歷了很多起起伏伏，不少身邊朋友失去了年薪百萬的工作後，只能做二三十萬元的工作了。

我一直在思考，到底怎麼樣才能不怕變化，收入一直上漲呢？這一節我多分享一些副業賺錢的思維。

不要做消費者 要做銷售者

我有一位學員覺得很困擾，她創業沒有起色，於是不停地去付費學習。一年花了十幾萬元，學市場、學成交、

學人脈、學自媒體，越學越茫然，越學越覺得自己一無是處。

我和她說：「想賺錢，不要去買，而要去賣。不要想你自己想要什麼，要想你能給別人什麼。」當你自己的需求越少，滿足別人的需求越多，你的財富就會越多。反之，如果你自己的需求很多，卻不能滿足別人的需求，你的錢會越來越少，會流向那些能滿足你需求的人。

其實，做銷售者的盈利來源有很多：

1. 銷售產品、課程和服務，可以銷售你自己的，也可以銷售別人的。
2. 提供諮詢和指導，一對一的服務是最貴的。
3. 收仲介費，比如券商的交易佣金、不動產仲介收的佣金。
4. 收訂閱費和會員費，比如你有自己的讀書會、會員社群。
5. 收廣告費，有人找過我讓我發社群媒體，一條文案給我多少錢。

有一個很好的工具，能幫助大家去思考，就是特別簡單的「3C」：

第一個 C 是 Company（公司），意思是從大處著眼，

把自己想成一家公司。想想如果你是一家公司，你的核心能力、拳頭產品（指在市場上競爭力強的產品）、發展策略、主要市場是什麼？

第二個 C 是 Competitor（競爭對手），就是你的競爭對手是什麼樣子。他們過去怎麼樣，他們的生意做得好不好，他們的利潤如何，他們的商業模式是怎樣的，他們最強的地方在哪兒。

第三個 C 是 Customer（客戶），就是你的客戶是誰。誰來買你的服務、產品，他們是哪些人（性別、年齡），他們的心理、購買習慣、購買力如何，他們未來的變化是怎樣的。

如果你覺得自己不是專家，有兩個方向你能參考：

1. 個人經驗和技巧：例如怎麼置辦不動產、整理家居，甚至是一些小眾的愛好，只要其他人需要，而你比他們更懂一些，你就能分享和指導別人。

2. 研究和總結的成果：一個人並不是非得做了某些職業，才能被視為專家。你可以選擇並研究人們認為有價值的專業，繼而進行分享。

要做資金流動快的生意

因為資金停止流動就不產生效益，所以要做資金流動快的生意，不要囤貨，要一手錢一手貨，嚴格控制廣告費。現在分享兩個簡單的思維：

1. 嘗試把你的一份時間重複賣出

無論你做任何工作，都可以看看有沒有機會「一對多」？我最喜歡的高效率工作方式是直播，我一個人講 2 個小時，直播間裡可以同時有幾千人聽，重要的直播還可以設置重播，結束了也有源源不斷的觀眾。

我們花了 1 個月時間寫了 1 本書，現在已經賣出了 3 萬多本，還不斷有新的讀者買了書來聯絡我們。我們賣課程，一次賣很多份，也可以重複再賣，哪怕你做出一個簡單的課程，都可以同時賣給很多人。我們幾年前出過幾百元預錄的財富課，掛在平台上時不時有人買，聽完之後也會來報名更貴的課程。

我除了努力創造「一人對多人」的機會，還有一個工作習慣是「一魚多吃」，比如直播以後，我會抽時間把直播的內容要點寫成文章、拍成影片，並沒有付出很多額外

的工作量，卻創造了更多機會，被更多人看到。

2. 用錢購買別人的時間 節省自己的時間

我們在創業第 2 年，客戶超過 100 個之後，就開始請全職祕書協助客戶維護和售後服務，每年要付出 20 萬～30 萬港幣（約台幣 80 ～ 120 萬元）的薪水和福利成本，但依然是值得的。為什麼要請祕書？因為你可以購買別人的時間來幫你處理繁瑣耗時、簡單重複的工作。

我們遇到過很多學員寫文章和拍影片無法堅持下去，因為他們覺得排版的時間比創作的時間還長。有一個很簡單的解決方式，就是你花錢請人幫你排版，這樣你節省的時間可以創作更多的價值。

曾經有一個品牌方請我們做一條社群媒體廣告，我們的收費是 4 萬元，但實際上我們只花了半小時寫文案和拍攝，素材準備好之後花了 1,000 元請別人剪輯。因為如果我們真的要靠自己去剪輯，可能要花費很久時間，而且還不一定能讓廣告方滿意。

圖表 3-10　靠副業賺進多管道收入

1 不要做消費者，要做銷售者

不敢賣、跑不快

銷售產品、課程和服務

提供諮詢和指導

廣告費

VIP

訂閱費和會員費

收仲介費

做銷售者盈利的 5 個來源

Company
把自己想成一間公司
能力、拳頭產品、發展策略、主要市場

Customer
客戶是誰？
特徵、購買習慣、購買力

3C

Competitor
競爭對手、市場是什麼樣子？
過去表現
營運情況
利潤
商業模式
強項

從宏觀時間、宏觀空間去思考

2 要做流動快、成本小、有槓桿的生意

諮詢　直播

賣書

賣課　重播

嘗試把一份時間賣出多次

做離交易最近的事

幫你處理繁瑣耗時、簡單重複的工作

用錢購買別人時間，節省你的時間

3 降低主動收入的占比，從 100% 薪水變薪水＋副業收益＋品牌收益

延伸

大客戶　小客戶

把你的價值賣給更多的市場和客戶

衍生

投資

核心能力圈

諮詢

保險

其他服務

把現有產品之外的更多產品，提供給現有客戶群

小練習❶

寫下你有生以來最成功的 3 件事，看看這些成功能否幫助別人獲得類似的成功，即使只是小事。

小練習❷

把過去 1 個月的時間列出來，看看你的時間是怎麼分配的：你花了多少時間去讀書，花了多少時間去睡覺，花了多少時間去做家務，花了多少時間去做某項工作。看看哪些工作是可以外包出去的？把可以外包的工作讓給有優勢的人去做，騰出來的時間用來學習和做一些有價值的事情。

降低主動收入的占比 用「乘法」增加副業收入

我有一個朋友，在外企做高管，年收入百萬美元。2022 年銀行裁員，他被裁了。唯一的收入來源沒有了，又沒有其他「水流」可以補上，他被逼到把剛裝修好的房子賣了，帶著老婆孩子回了加拿大。他臨走之前，我問他就沒有其他辦法了嗎？他說他家的「水」徹底斷流了，因為工作太忙，而且金融機構不允許參與投資，所以他什麼其他投資都沒做，只買了一間自住房，現在他沒有任何其他

收入來源了。

我另一個同事級別不高，也被裁了，但他很開心地去全世界旅遊了。他那間房子拜託我幫他找了租客，1 個月租金可以入帳 12 萬元。他說之前入股過朋友的餐廳，每個月分紅剛好夠生活費，還買了一些基金和定期分紅，用來繳他的保險費。幾個不用工作也能賺錢的管道，安排得明明白白。

我看到過一句話：如果你想做副業，就考慮戰略性副業。戰略性副業指的是對你主業優勢的延伸或者衍生，能放大你原有的價值，做乘法而不是做加法，否則你就不會體現出槓桿的作用，你依然是在出賣你的時間精力。就像下班之後去開計程車、去送外賣，不會累積資產，只是在出售時間，這是一種消耗型的賺錢，甚至可能因為太累失去了健康，反而變成了減法。創業和做副業，不做消耗性的加減法，只做放大價值的「乘法」。

1. 延伸：把你的價值賣給更多的市場和客戶

我在投資銀行的時候特別佩服一個同行，他極其低調且聰明。投資銀行做的項目至少要上億美元，太小的項目大公司是不做的，因為不值得。他低調地跟朋友合夥開了

一家公司，專做這些投資銀行看不上的小項目。

我之前跟他詳細聊了一次，才知道其中的利潤有多高，他只是推薦一下，就可以從中獲得 100 萬港幣（約台幣 400 萬元）以上的收益。在其他同事只賺薪資時，他默默用在公司工作獲得的眼界和資源，賺了一間價值 3,000 萬港幣（約台幣 1 億 2,000 萬元）的房子。

這就是如何賺錢的典型延伸。如果你的工作是服務大客戶，那麼你的資訊和技能可以延伸到你的副業，也就是中小客戶上。你基本上沒有花任何額外的時間，但是卻擴展了你的客戶範圍和收入。

2. 衍生：把更多產品提供給現有客戶群

我最初的主業是保險，但因為我的客戶非常信任我的金融領域專業知識，所以他們關於投資的問題也都會來問我。我們現在所開設的高端客戶私董會和一對一財務診斷諮詢服務，就是把我們除了保險外的更多專業資訊提供給客戶。

我們最重要的原則是守住基本盤：知道自己的核心能力圈，知道自己的「可為」、「不可為」，你不能因為看到別人做這個很輕鬆和亮麗，並且還賺到了不少錢，你就

跟著去做。創業之前，我有考慮過做私人銀行，這也是很多人對我的建議，但當我深入了解後發現，銀行會要求你列出有多少個身家過億的潛在客戶名單，並且還要列出在1年以內，你能讓多少人在你這裡放幾千萬美元的現金。

我捫心自問，我也許能找到幾個身價上億的大客戶，但是要付出極大的努力，而做保險，我周圍所有的人都需要，我也都可以滿足。我為什麼不守住累積這麼久又信任我的人，非要去尋找超級富豪呢？

送大家一句話：「一隻鳥站在枝頭，牠掉不下來，並不是因為這根樹枝牢固，而是牠有翅膀。」一個人的潛力，只取決於他的信念，如果連你都不相信自己有價值，不相信自己擁有的資訊和專業知識有價值，那就沒人能幫得了你。做一個相信自己的價值，也尊重別人價值的人，你的人生之路會越走越順利，你的商業合作之路也會處處雙贏。

小練習

你的本職工作能不能延伸出副業的機會呢？和身邊的朋友頭腦風暴一下，列出 3～5 個創業和做副業的想法，看看能不能邁出第一步？

替孩子存再多錢
不如教他怎麼管錢

授人以魚,不如授人以漁。

—— 道家經典《老子》

閱讀本節之前,請先思考以下 3 個問題

1. 為什麼要從小培養孩子的財商?
2. 培養孩子的財商分為哪幾個階段?
3. 怎樣教導孩子開始投資?

　　最近看到一個真實的例子:一對做小生意的夫妻傾其所有把女兒送到英國去讀書,但是在女兒讀完本科還想繼續讀研究所的時候,父親確診癌症,之前的生意也走下坡連續虧損,導致家裡的錢除了填補生意虧損還要支付父親的治病費用,母親也要暫放工作去照顧父親,不能再支付

女兒留學英國的高昂學費了。女兒因為在學校都和富二代同學一起玩，已經習慣了高消費的奢華生活，平時對理財完全沒有概念，留學只好中斷。

智商也許靠的是天分，但是財商和品格絕對是靠後天的培養教育。父母要從小教導孩子明白金錢的價值，能夠獨立地管理金錢和承擔責任，千萬不要輕易給孩子很多錢，讓他只養成了消費的習慣，而沒有儲蓄和投資的思維。

財商是認識和管理財富的能力，一定要從小開始學習，包括人生的品格和責任教育。我們夫妻作為英國認可的註冊兒童財商導師，在這節分享一些孩子在不同年齡階段應該受到重視的財商教育。父母一定要看，在身體力行的這個年紀，教會孩子建立正確的財商，來保護孩子的未來發展和家庭的財富。

孩子 3 ～ 7 歲的財商思維：正確的消費觀

在孩子幼小的階段，先要教孩子認識錢的來源和用途，知道錢不是從提款機或手機裡自動出來的，而是爸爸媽媽工作賺來的。我女兒 1 歲多的時候就會模仿我拎著手提包

去上班，也會經常和我們一起到公司，知道爸爸媽媽很認真工作才能創造財富。

父母要教會孩子看價格和貨比三家，在買東西的時候學會看價格，學會比較哪些東西貴，哪些東西便宜，自己已經擁有的東西就不要再重複買了。我的女兒 4 歲多，要買小玩具前會先拿起來看價格，會說：「哇，這個好貴！」然後回去挑一個便宜的，我也會告訴她：「你不能全都要，要有所取捨。」

要讓孩子知道擁有的所有東西不是理所當然，財富不是天上掉下來的，金錢是爸爸媽媽工作賺來的，不能隨便亂花。

孩子 7 ～ 11 歲的財商思維：培養儲蓄觀

在小學階段，孩子已經開始有邏輯思考的能力，這個階段要讓孩子學會合理支配和儲蓄自己的零用錢。零用錢是讓孩子認識金錢、認識社會、培養責任心的第一步。父母要定時定額發放，維持一個穩定的週期，才可以讓孩子養成規律管理金錢的思維和習慣。

　　要告訴孩子，存下來的錢才是你的錢。要學會量入為出，做好分配和預算，而不是拿到後全花掉，自己想要的東西要自己買，不要向父母拿錢。如果想買更好更貴的東西，必須把零用錢的一部分存起來。

　　一個可以參考的零用錢分配法是「721 分配法」：70% 基本消費、20% 儲蓄、10% 分享或捐獻。分享是關愛他人，比如母親節買束花給媽媽，或者同學過生日的時候送一張生日卡片等。捐獻可以鼓勵孩子雪中送炭，培養同理心，幫助其他有需要的人。

孩子 11 ～ 15 歲的財商思維：動手做財務計畫

　　對於已經踏入青春期的孩子，父母要和他們聊未來的人生規劃，培養他們為自己設立目標和管理金錢的能力，成就未來的人生。在這個階段，讓孩子學會記帳，管好自己每個月的生活費，建立自己的理財儲蓄目標，規劃出時間表。也可以帶孩子開一個銀行帳戶，把結餘的錢存到銀行裡，讓他開始有儲蓄的習慣。在這裡用一個例子來分享「SMART」聰明儲蓄法：

12 歲的小妹妹想買一個價值 1,000 元的兒童電子手錶，但父母不想輕易滿足，就跟她一起討論透過 SMART 儲蓄計畫來實現目標，同時也幫她建立理性消費、規劃目標、養成儲蓄的好習慣。

- Specific（目標明確）：買一個電子手錶。
- Measurable（目標可衡量）：1,000 元價格。
- Achievable（目標合理有可行性）：透過儲蓄可達到。
- Realistic（目標實際，不是空想）：每月存 200 元。
- Time-related（目標有時間限制）：存 5 個月就能實現。

財商教育還有一點很重要，是了解家庭的實際經濟狀況。建議家長和孩子說實話，把孩子當作大人一樣，一起討論家庭重要的財富問題和重大決策，包括孩子未來的升學，都開誠布公地講。

當父母將家庭經濟情況分享給孩子後，要讓孩子來發問，這也是教導理財方法的好機會，是現實生活中最真實的理財樣本。特別是如果家庭面臨一些經濟困難和壓力，

更要讓孩子及時知道，甚至請他們來做家庭小管家，和父母一起參與家庭理財，記錄收入和支出，幫助家庭做預算，召開家庭財務會議。

我十幾歲的時候很羨慕那些不用辛苦參加聯考、父母已經安排好出國留學的同學，我也和媽媽講過，當時我的父母很開誠布公地告訴我家裡沒有那個經濟條件。其實和孩子說實話是好的。

我後來上大學，有一個去香港短期交流的大學計畫，我選上了，也特別想去，因為我 12 歲就喜歡周星馳了，香港是我做夢都想去的地方，但收費不便宜，每個人要交 2 萬 2,500 元，在 2005 年算很貴了，所以我跟爸媽說時很猶豫。我的父母商量後說支持我去，但是我自己最終決定不去了，找老師把報名取消了。

雖然當時很難過，但我告訴自己：家裡賺錢不容易，我總有一天會不花爸媽的錢，自己去遍這個世界最好的地方。後來我也真的實現了自己的夢想，現在在香港成家立業了，我很自豪，雖然現在我能給我的女兒提供更好的條件，但我也希望她擁有不靠家庭、自己奮鬥的正確財富觀念。

孩子 16 歲以上的財商思維：開始投資

　　孩子 16 歲以後，我們要開始在好的消費儲蓄習慣的基礎上，教導孩子一些投資的思維了。

　　我們可以從風險比較低的簡單投資開始，手把手地帶著孩子來制定自己的投資計畫。最簡單的就是銀行定期存款，還有基本的保險和基金。

　　要告訴孩子保險的意義是為了保障我們的生命和財富，對突如其來的意外做好準備。意外隨時可能發生，比如突發疾病、天災人禍、交通意外都是風險，會讓我們受到很大的損失，所以必須事先做好準備，這樣萬一壞的事情發生，我們也能減少損失。

　　還要告訴孩子儲蓄和投資的區別是什麼。儲蓄的優點是很穩定，缺點是利息比較低；而投資可能會獲得更高的收益，但同時也伴隨著風險。在這裡可以教孩子認識到風險和回報的關係，學會在回報和風險之間取捨和平衡。

　　對孩子財商教育的目的最終是希望孩子形成「除了金錢更要有心」的正確人生態度。要學會知足和珍惜，也要學會慷慨地分享，最終你得到的會比付出的更多。我們每

次參加公益活動，都會帶著我們的女兒一起，就是為了讓
她學會珍惜和感恩，因為還有很多比我們困難的人，要懂
珍惜、學會分享。

圖表 3-11　教育孩子正確的財商思維

小練習

　　如果你有孩子，請運用「721」分配法和 SMART 法則，教他在生活中練習管理金錢吧！

04

·················

讓自己體面養老
財產代代相傳

如何在晚年過得既自在又無憂？從準備充足的退休金，到確保財產能順利傳承，本章是為「優雅老去」量身打造的指南！

　　活太久、錢不夠，退休金和年金就是你的基本防線；而財富傳承也不只是一紙遺囑那麼簡單，無論是為自己，還是為後代，這裡提供了面面俱到的實用建議，讓自己老得有尊嚴，還能成為後代的神隊友！

到底存多少錢才夠退休？

宜未雨而綢繆，毋臨渴而掘井。

—— 《朱子家訓》

閱讀本節之前，請先思考以下 3 個問題

1. 邁向老年之路的兩類風險是什麼？
2. 怎樣正確配置自己的資產？
3. 如何在老年保持財富增長？

　　根據聯合國世界人口數據庫顯示，1990 年至 2019 年，全球 65 歲以上老年人口比例從 6% 上升至 9%，並於 2005 年跨越了 7% 的分界線，宣告世界整體進入了老齡化社會，未來這一速度還將加快。按預測，2050 年老齡化比例將上升至 16%，屆時全球將擁有超過 15 億老齡化人口。

決定老齡化程度的主要有 2 個因素：預期壽命和出生率水準。預期壽命越高，意味著老年人口總量不斷增長；出生率水準越低，意味著人口基數日漸萎縮。

根據台灣內政部統計，2023 年國人平均壽命為 80.2 歲，其中男性 76.9 歲、女性 83.7 歲，較 2022 年增加 0.4 歲，男、女性分別增加 0.3 歲、0.5 歲。但出生率卻逐年降低，2022 年粗出生率為 5.96‰，2023 年則降為 5.81‰。

老年人人口比重越來越大的現在，你為自己的退休、養老生活做好準備了嗎？

老後的 2 類風險 你準備好了嗎？

隨著醫療和物質水準不斷提升，在邁向老年的路上也會遇到兩類風險：

1. 過度長壽

2014 年，日本電視台拍攝了一部名為《老後破產：所謂「長壽」的噩夢》的紀錄片，深刻揭示了步入老齡後，部分日本老人晚景淒涼的生活。節目透過對老年人群的廣泛採訪，發現不但退休儲蓄低的老人很容易陷入入不敷出

的困境，就連擁有大額存款、有房子的富裕人群也因疾病、投資失利、過度長壽等原因，存在「老年破產」的風險。

借鏡日本老齡化社會的問題，不管你生活在哪個國家，在你有能力賺錢時就應著手做好金融資產的配置，這樣退休後才可以用自己的資產收入來彌補晚年生活的支出缺口。

究竟有什麼方法可以在退休後守住你的底線收入呢？其中一個方法就是配置「年金」。

我們有一位 55 歲的男客戶，目標是在 10 年後每月獲得 1,000 美元（約台幣 3 萬 2,000 元）的穩定收入。按照客戶的意願，希望能提取收入到 110 歲，投資了 22 萬美元相約於 704 萬元台幣（分 5 年，年繳 4.4 萬美元）。在 65 歲時，客戶會獲得 2 萬美元（約台幣 64 萬元）的保證獎金，後續除了拿到每年保證的 1.2 萬美元（每月 1,000 美元）的收入外，另外還有額外近 4,800 美元（約台幣 15.3 萬元）的分紅，到了 110 歲年金計畫結束時，客戶總共獲得 77.3 萬美元（約台幣 2,473.6 萬元），獲得的收入是投入資本的 3.5 倍以上。

這種年金的配置非常符合客戶對穩健和現金流的需要，由於收入保證的成分比較高，所以能穩穩守住固定收益的底線。

2. 身體機能老化

隨著年齡增長，身體機能、精神狀態也大不如前，如果突發疾病，潛在高昂的醫療費，有多少家庭能從容面對？除了突發意外，患病的機率也會不斷提高。比如癌症、心血管疾病等問題，如果不幸出現上述的疾病，後續的康復治療就會成為家裡的「碎鈔機」。

這種風險如何轉移呢？很簡單，你要學會利用保險的槓桿作用和保障功能，提前做好醫療保障來增加抵禦疾病和意外風險的能力，減輕整個家庭經濟和精神上的負擔。如果你目前身體特別硬朗，不愁預算，建議你配置重大疾病險和醫療險。

早日投保，否則可沒有後悔藥吃。如果醫療險和重大疾病險配置不了，該怎麼辦？我們建議用以下兩種保障來轉移風險：

①防癌險

癌症是理賠案件中最常見的病種之一，且癌症的治療費用很高，從數十萬元到數百萬元不等，所以透過防癌險相當可將一部分醫療費用轉嫁給保險公司。

適合族群：買過重大疾病險，並希望提高癌症保障；家族裡有癌症史的人；超過 50 歲，投保重大疾病險門檻較高的人；低收入人群。

②意外險

意外風險對每個年齡層的人來說都不可忽視。意外險對於年齡、健康狀況等要求較低，因此一般人都可以購買，在購買意外險時，上年紀的人最好能涵蓋意外醫療、失能責任，萬一遇到因意外導致的醫療費用，可以按比例報銷，所以請細心研究具體產品的合約條款。

如果你是幫父母配置意外險，保障範圍也最好包含意外骨折、救護車費用、住院津貼、關節脫臼、大眾交通工具保障等，以備不時之需。

如果你還是不清楚怎麼選產品，請及時尋求專業人士的幫助。

切勿錯配理財商品

投資是一時的決定，但資產管理是一輩子的功課。很多懂一點投資的人會犯「過度自信」的毛病，總認為過去的投資方法可以不斷複製，但是他們都忘了年紀越大，越虧不起，更應該減低進取型的投資，轉向風險更低和收益率合理化的資產。

關於資產配置，隨年齡調整，有一種常見的方法：

參考值為 100 －年齡＝配置收益率和風險較高的資產比例

上述的方法是指，假設你是 45 歲，你的資產組合裡偏高風險和高收益的資產不應該超過你總資產價值的 55%。

另外，我們認為上述 45% 的資產不一定只能配置固定收益類資產，比如債券或債券基金。有些股權類資產比如基礎建設、電信、公共事業股票，它們的表現也非常接近固定收益類資產，而你只要一直持有，就可以穩定創造每月、每季或每半年的現金收入。

如果你按照這一方法來配置資產，你的晚年生活就會過得輕鬆自在。

如何在老年保持金錢增長和現金流入？

1. 資產規模需超過年度預期開支的 25 倍

分享一個「4% 法則」，4% 代表我們在投入一筆投資後，想從中取出源源不絕的現金流，卻不會讓本金歸零的比例。

如果你預計退休後的每年支出是 40 萬元，那麼你要為退休準備的投資組合就是 40 萬元 ÷4% ＝ 1,000 萬元。這就是你要為自己準備的最低資金，如果想提前退休，就可以努力準備 30 倍甚至更多的資產組合。

我們可以根據自己退休所需的資產規模，來設定退休目標。當然 4% 只是一個大概的收益率，我們也要綜合考慮未來的通貨膨脹，和正常生活支出以外的突發開支等，重要的是有這個數字觀念在腦海中，提醒自己要儲蓄充足、合理投資。

2. 保留本金 不要過度提取投資收益

如果你有副業收入或被動收入可以用來幫助你的生活開銷，你就只需要提取少部分投資收益，保證你的資產這張餅越來越大。

如果你已經在靠你的投資組合生活，那麼，儘量減少提取次數和提取金額，只需要提取你在一段時間內需要的錢即可，將剩餘的資金繼續投資於市場。你投資的時間越長，複利持續的時間也越長，你的初始投資也會變得越來越多。

記住，永遠別碰本金，堅持每年提取的收益小於本金回報，這樣你就有越來越厚實的退休準備金，可以靠投資組合的增長來生活啦！

我們都知道，巴菲特絕大部分的財富都是 50 歲之後賺來的。所以，不要害怕面對即將到來的退休生活，要保持身體健康、保持理智，合理搭配自己的資產，在退休後也能獲得穩定的現金流入和財富增長，讓自己擁有幸福平穩的老年生活！

小練習

先估算你未來退休預期的生活支出，記得考慮通貨膨脹，再按照 4% 法則來計算所需要的資產本金，看看需要多少資產，才夠你退休呢？

實現家庭資產傳承的 5 個工具

我那時還不了解人性多麼矛盾,我不知道真摯中含有多少做作,高尚中蘊藏著多少卑鄙,或者,即使在邪惡裡也找得到美德。

—— 英國作家 毛姆 (William Somerset Maugham)

閱讀本節之前,請先思考以下 3 個問題

1. 為什麼要進行家庭財富傳承和遺產規劃?
2. 家庭財富傳承的主要工具有哪些?
3. 為什麼保險是非常重要的傳承工具?

　　我曾經在學習法律課程的時候聽到了一個真實的案例:王律師的辦公室,來了一對白髮蒼蒼、老淚縱橫的老夫妻,他們用畢生心血培養出的優秀獨生女兒,剛結婚 2 年,事業正處於上升期,卻不幸在一次外派出差的重大車禍中,車毀人亡。女兒結婚前,老兩口掏空家底,花了 1,200 萬

元給女兒買了一間房子，作為婚前財產，保障了女兒，也保障了老兩口。

現在女兒英年早逝，新婚無後代，遺囑自然沒有，遺產就是這一間 1,200 萬元婚前買的房子，這時候，女婿跳出來要分這間房子了。

真的要分給女婿嗎？答案是肯定的。如果沒有遺囑，也沒有事先用人壽保險做好婚前財產分配，這就是最後法律給出的結果。所以，我們一定要對家庭財富傳承早做規劃，早做準備，本節將為大家詳細地講述這個話題。

為什麼要規劃家庭財富傳承和遺產？

做家庭財富規劃這些年，我逐漸開始對生活自省、感恩和敬畏。我們大多數人都是在幸福的花園裡成長，家庭幸福、風平浪靜。但是心裡要清楚地知道：永遠都要居安思危、保護好自己，不要把自己的幸福和安全感拱手交給別人。

家庭財富的保護和傳承，包括子女的婚姻、意外風險，企業和家庭的資產、債務隔離，每個家庭都要儘早考慮。

有很多家庭，沒有提前做好準備，導致之後發生糾紛。

傳承需要充分的時間來規劃，而且會隨著家庭環境和制度的改變而變化，所以資產種類、資產所在地和傳承工具，都要保持足夠的靈活性，而且好的傳承方案絕不僅僅是在兩代人之間轉移。

我希望每個來諮詢和了解家庭理財計畫的朋友，都多想幾層：

- 是否熟悉當地婚姻法？是否需要分離婚前婚後財產？
- 如果自己不是家庭經濟支柱，萬一另一半發生變故，如何保障自己和孩子？
- 我對家裡的財產是不是心中有數？如果沒有，怎麼為自己最大限度地爭取利益？
- 我父母想傳承給我或我孩子的資產，如何做到只留給我自己或孩子，避免和婚後資產混淆？
- 家裡的這麼多份保單，我有沒有控制權？我是否有權修改受益人、提取資金或者退保？
- 如果家裡有企業，個人和公司之間有沒有資產混同？有

健全的財務制度、稅務安排來分開帳戶、管理風險嗎？

傳承財富的 5 個工具

　　我們夫妻通過了 CPB 認證私人銀行家（國際理財顧問認證總會針對高階財富管理和私人銀行領域之專業人士設計的頂尖國際證照）考試，也一直在持續進修法商課程，我們根據自己的經驗來分享家庭資產傳承的主要工具。

1. 法定繼承

　　法定繼承是最直接的形式，而且法定繼承的財產是夫妻共同財產，如果子女的婚姻不穩定，遺產就會被子女的另一半瓜分了。經常有企業家因病或意外突然過世，沒有留下遺囑，所以全家人──配偶、父母、子女等開始進行多方曠日持久的糾紛和遺產爭奪。

2. 贈與

　　以贈與方式傳承財富相當普遍，但需注意稅務與法律規範。以目前規定，每人每年享有 244 萬元的贈與免稅額，如果超過此限額，需繳納贈與稅，此外，應留意贈與契約的完整性並考量對象的婚姻與財務風險，必要時可結合信

託工具增強財產保護。建議事前諮詢專業顧問，確保過程合法合規且符合家庭需求。

3. 遺囑

關於遺囑的糾紛也經常發生，主要是質疑遺囑的效力，比如簽名是不是本人、內容是不是本人真實意願等。所以要特別留意遺囑失效的法律風險，比如偽造的遺囑無效、遺囑被篡改後無效、口頭遺囑可能無效、無行為能力人設立的遺囑無效、脅迫和欺騙所立的遺囑無效。

所以建議立遺囑的時候，一定要清晰地在遺囑中明確說明遺產的內容、數量和類別，寫清楚繼承人的範圍，具體點名。另外，遺囑的核心內容儘量使用法律條文中的用語，最好請律師過目，並且進行遺囑公證。

4. 信託

信託是一種託管資產並按約定分配的財產管理制度，需要一定的門檻，且受各個國家法律嚴格保障，信託內的資產是完全獨立且保密的。信託資產完全由信託人持有，可以指定誰受益，並設置領取的條件，這樣可以避免各種糾紛，還可以實現慈善的目的。

但是，基本上資產達到千萬級以上才值得去設立信託，因為信託需要持續的維護費用，也要有足夠資產裝進去。如果你有設立信託的需求，要找專業的律師和信託團隊來幫你安排。

如果一方有大額財產而另一方沒有，最好婚前設置信託，把大額資產隔離在婚姻之外。尤其是家裡開公司，涉及公司股權的，就更要重視這一點，因為你們要面對的風險，不僅是家族的婚變風險，還有個人和企業資產及債務混同的風險。

需要提醒大家的是，海外信託和境內信託在適用法律、稅務規劃、資產保密性及操作需求上是不同的，應依資產分布與需求選擇適合的形式，並尋求專業諮詢以利規劃。

5. 保險

保險是非常重要的傳承工具，能夠實現精確的傳承，保護未來的資產，隔絕債務風險和共同持有風險。為什麼呢？原因如下：

①保險有法律效力，利益完全得到保護。

②持有人對保單有 100% 的擁有權和支配權，別人動不了。

③持有人有權指定受益人，還可以更改。在這裡分享兩個
　　適用於一般人財富傳承的買保險策略：

- 自己買年金保險，受益人寫自己和子女。這樣自己可以
　用來當養老資金，去世之後也可以準確地留給孩子。
- 自己出錢買保險，受益人直接寫子女。現在有一些儲蓄
　類保險是可以更改受益人的，子女也可以更改為第三
　代，直接實現財富的跨代傳承。

　　提醒大家，家庭的保險一定要爭取自己持有，無論是
自己的還是孩子的。替孩子買保險，受益人一定要寫自己；
替自己買保險，受益人要加上父母。保險一般是可以依順
位填寫多位指定受益人，因為保險賠付是受益人的個人財
產，而且不需要用來償還死者生前的債務，因此也可以規
避遺囑風險，不會受到繼承法的挑戰。

　　投保人享有保險財產的絕對主控權，而且因為保險的
賠付都是現金，也提高了遺產的流動性。

圖表 4-1　家庭資產傳承的 5 種主要工具

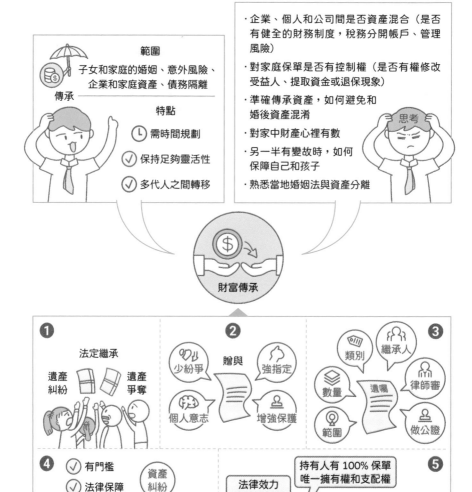

　　曾經有位客戶想替未成年的孩子做資產傳承規劃，但是並不想讓兒子很輕易地得到一大筆錢就不奮鬥了，或者未來孩子婚姻出現風險能有所保障，於是在購買保險時簽訂了一個保險金信託，規定兒子何時開始拿錢，每年領一部分，這樣就可以安全地把財富傳給孩子了。

　　青年時代是儲蓄，中年時代是創富，到了中老年就要考慮傳富，而老年就是「用富」，享受自己一生的奮鬥果實。財富傳承一定要未雨綢繆，因為是跨越幾代人、跨越諸多地區、跨越多個領域，故家庭需做長期系統規劃，除了要熟悉不同的工具和方法，也要有靈活性，這樣才能衝破時間的考驗，守護家族的財富。

小練習

　　對照家庭資產傳承的 5 種主要工具，來診斷你自己的家庭最適合哪一種？

時鐘無法倒轉
財富覺醒永不嫌晚

「錢是工具，不是目的；人生是目的，不是工具。」
雖然我一直都在金融領域工作，為大家上理財投資課，但
在我心中，理財就是理人生。很多人忙碌一生，都沒想明
白這一點。

現在太多人對自身的價值沒有自信，他們需要外界的
認可，讓自己被看見、被承認，以滿足自己的不安。有些
人會靠消費奢侈品來獲得自信，還有一些人認為接近尊貴
的人會讓他獲得自信，比如和富豪拍了一張合影，混了幾
個高端論壇。追根究柢，這些都無法找到真正的自信。

相信自己的能力，認可自己的價值，才是這一生無論
逆境順境，都能夠保持內心強大的力量來源。對於財富的

定義，不僅是物質上的富足，還有能夠發揮天賦優勢的工作，廣闊的人脈圈，健康的身體，和自我的豐盈與成長。

我的父親和母親曾經都是大學老師，他們擁有崇高的社會地位，但收入一般。在 1990 年代初，內向的爸爸放棄了大學的工作，去蒙古國做貿易，從此之後 30 年，爸爸再也沒有在 1 年裡和家人共度超過 1 個月的時間。

我小的時候經常沒有錢去繳學雜費，有好幾次我媽媽讓我到鄰居阿姨家借錢交給老師，所以我從小就有「錢很匱乏」、「錢很難賺」的印象，這種印象推著我拚命奮鬥。我拚命奮鬥的一個核心動力就是匱乏感和不安，而越拚命賺錢，越容易失去錢。

我花了很多時間來改變我和錢的關係，改變我對財富的態度。一個最簡單的態度就是：要真誠快樂地去「銷售自己」，分享自己的價值。如果你提供的服務和產品真的能幫到別人，你就有責任讓更多的人知道它，你也值得為這一價值獲得財富。

我們夫妻創業第一桶金的來源就是現在的主要業務之一：保險銷售。為此我們面對了社會地位斷崖式下跌和無

數冷嘲熱諷。但我們卻在這 6 年幫助了上千個家庭，送出了累計上千萬元的理賠金，為困境中的朋友雪中送炭。這個過程不容易，為我們創造了千萬的營收和寶貴經驗。

在十幾年前，我還在美國讀 MBA 的時候，我就很想去非營利組織做公益。但很多學長學姊勸我說：你只是一個「小土豆」（此處為形容一個人在某個情況或環境中處於相對較低的地位或是缺乏影響力），就算去公益組織工作也是幫人家打雜。他們建議我，等我有很大影響力了再去。我遺憾地放棄了，改去紐約應聘投資銀行，心裡也從此有了一個信念，就是自己還不配，一定要足夠成功，這樣去做公益才有價值。

這一點在我成為一個母親之後突然改變了：任何一個人都可以力所能及地做公益，因為每個人都可以發出自己的光，無論強弱都可以照亮別人。

終其一生，你消費了多少金銀財寶都是明日黃花、過眼雲煙，但是為這個社會創造了多少價值、影響了多少人，做了多少超越自己「小我」的事，才是人生真正的意義。不知道是不是很多朋友也和曾經的我一樣，覺得做公

益是有錢人的行為？所以從沒有膽量主動去組織和主導公益活動？

其實去幫助別人，去做公益、去捐款，並不是因為足夠有錢，而是透過分享自己的愛與金錢，獲得更大的能量流動，越是缺少的東西，越要去給予，譬如，金錢、愛、讚美、認可、歸屬感等。在未來某個合適的時機，你這些微不足道的饋贈都會以財富的形式回到你身上，滋養你。

用你收入的 10% 做公益。這份定期定額做公益的回報，可能比定期定額一檔好的基金更讓人驚喜。財富要透過慷慨的態度來創造，所以我們經常說：越分享越有，能給的人最富有。

2019 年 3 月，我們給內蒙古的蒙古族小學捐贈了書籍，建立了圖書角，被湧來的孩子們圍住的那一刻，我的心都融化了。那一刻我覺得自己找到了人生的價值和意義，我告訴自己，對民族、家鄉和社會的公益貢獻，要一輩子做下去。

2019 年 7 月，我們帶著團隊成員又飛到內蒙古的呼和浩特，走進愛加倍星兒公益助殘中心捐款送物。我也受邀

擔任香港知行慈善基金會的青年理事，身體力行去傳播和呼籲公益活動。

2020 年疫情開始，我們沒能再次到訪，但心裡一直惦記著孩子們，從香港匯去捐款。

2021 年 2 月，在我們準備出版《財富自由從 0 到 1》的時候，我和我先生做出了一個重要的決定，把版稅的 50% 捐贈給愛加倍星兒公益助殘中心。

2021 年 8 月，我們夫妻把版稅 16.6 萬元現金捐贈給孩子們，蓋了兩間愛心教室。感謝所有讀者的支持和愛心，我們能夠捐贈一筆可觀的錢給自閉症中心，我們的讀者和學員濤濤也跟著我們一起，作為熱心市民捐款了 1 萬 3,500 元。我覺得，能夠影響自己的讀者一起做好事，特別有意義。

2022 年我給自己的生日禮物，是在香港保良局（香港歷史悠久及具規模的慈善機構之一）助養了一個和我女兒一樣大的小孩子。

因為一直做公益，我也無比榮幸地成為內蒙古海外聯誼會新一屆理事，上了新聞聯播，未來有機會在政界發展。

　　2024 年夏天，我們帶著團隊從香港不遠千里再次去內蒙古，給自閉症兒童捐款，給蒙古族小學捐書。我們的下一個目標是成立一個基金會，帶著我們社群的夥伴們一起參與，為這個社會做更多的好事，播下愛的種子。

　　你所給予的，最終都會加倍回到你這裡。除了在專業上精進堅持，更要為廣大的世界播下更多信任、關心、分享和幫助的種子，在生活中，我們的一言一行都像是播撒下一個種子，它一定會開花結果。

　　在我們無私幫助別人的這些年，我們的生活和事業中也出現了很多貴人。所以，如果你想賺錢，就去幫助別人賺錢；如果你想成長，就去幫助別人成長；如果你想遇到貴人，就先成為別人的貴人；如果你想得到掌聲，就先為別人鼓掌。

　　記住，你的財富是海洋，取之不盡，只要願意付出。每天做幾件不會得到回報的好事，比如對其他人說「謝謝」、向遇到的人送上貼心的問候、讚美陌生人、捐錢給慈善團體，養成善意的習慣等，都可以。

　　每個人都有自己的困境和問題想要解決，而成功的破

局之道就是先忘記自己，全心全意去幫助別人解決他們的困難。擊鼓的人永遠都不知道鼓聲會傳多遠，當我們活成一道光，就會照亮千萬人。希望這個世界，因為有你的存在和努力而變得更好。

這本書就到這裡，歡迎大家和我一起做財富的朋友，人生的主人！

特別鳴謝

感謝王蓉蓉、張天鈺、潘孝莉對《上癮式存錢》的支持與幫助！

上癮式存錢：

邊賺邊存、越存越爽，一鍵刷新你對錢的概念！

作者：阿汝娜、周劍銓

總編輯：張國蓮
副總編輯：李文瑜、周大為
責任編輯：袁于善
美術設計：謝仲青

董事長：李岳能
發行：金尉股份有限公司
地址：新北市板橋區文化路一段 268 號 20 樓之 2
電話：02-2258-5388
傳真：02-2258-5366
讀者信箱：moneyservice@cmoney.com.tw
網址：money.cmoney.tw
客服 Line@：@m22585366

製版印刷：緯峰印刷股份有限公司
總經銷：聯合發行股份有限公司

初版 1 刷：2025 年 1 月
定價：380 元

國家圖書館出版品預行編目（CIP）資料

上癮式存錢:邊賺邊存、越存越爽,一鍵刷新你對錢的概念!/阿汝娜,
　周劍銓著.--初版.--新北市:金尉股份有限公司,2025.01
　　面; 　公分
　ISBN 978-626-7549-13-1(平裝)

1.CST: 金錢心理學 2.CST: 個人理財

561.014　　　　　　　　　　　　　　　　113019684

Money錢

Money錢